湛庐CHEERS

与最聪明的人共同进化

HERE COMES EVERYBODY

乐高工作法

BUILDING A BETTER BUSINESS USING THE LEGO® SERIOUS PLAY® METHOD

[丹] 佩尔·克里斯蒂安森
罗伯特·拉斯穆森 著

徐烨华 译 汪立耕 审校

PER KRISTIANSEN
ROBERT RASMUSSEN

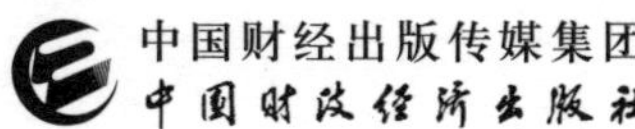

推荐序

忘掉数字化，进入游戏空间

汪立耕

“乐高认真玩”方法中国区推广人

微软前全球战略总监

北京双手思考科技创始人

缘起

2021 年是乐高® 认真玩® 方法（Lego® Serious Play®，简称乐高工作法）首次推向市场 20 周年。2001 年刚进入市场时，它还不叫“乐高认真玩”，而是被称作企业实时战略（Real Time Strategy for Enterprise）。

就像新冠肺炎疫情一样，组织领导者时时面临全新的、往往不可预知的挑战，迫切需要非常规的应对手段。在快速多变和难以预测的环境下，管理决策者可以用简单指导原则（Simple Guiding Principles，简称 SGP）来简化任务环境、启发决策、应对变化。

在疫情中，微软、谷歌、世界卫生组织就是这样做的。理查德·鲁梅尔特 (Richard Rumelt) 在《好战略，坏战略》一书中，提出了好战略的三大核心要素：调查分析（当下发生了什么），制订指导方针以应对重大困难，以及采取一系列连贯行动。这就是"乐高认真玩"方法的第六个和第七个应用技术，我们称之为突发事件和决策演练，以及提炼简单指导原则（详见第 4 章）。大道至简。

乐高工作法正是为看不清楚的未来应运而生的。

在过渡空间认真玩耍

"你只有在玩的时候才能真正学习"。成人的专注和孩子玩游戏时的全神贯注是可以相提并论的。

乐高工作法为团队提供了尝试创新、探索、连接、解决难题的游戏空间。这一在现实世界和内心世界之外、在事实和幻想之间的过渡空间，让团队挣脱现实中条条框框的束缚，拥抱相异的看法和概念、未来的场景和环境，对毫不相关的几种思想进行综合梳理，经历建设性的对话和讨论，获得新的觉察和认知，从而建立信心和能力。一旦达到平衡，我们会产生新的期待，开始另一个玩乐的回合。

在人类心智的形成过程中，模型搭建和游戏中的创造性活动发挥了极其重要的作用。乐高积木模型作为个人和团队认知的“过渡客体”，联结了“内在心理现实”与人们共同感知的“外在世界”。

管理没有标准答案。只有在时间和空间里，在生理和心智活动中，在个人心理现实与真实客体之间“认真玩”的人，才能专注、浑然忘我、形成心理认同、展现完整人格、发现自我，进而有能力处理外在现实，这才是创造力的起点。在实际工作坊中，学员们在有限的时间和有场域感的搭建空间里，在个人心理现实与真实客体之间自由穿行，进而有能力处理外在的商业现实和挑战。

斯坦福大学詹姆斯·马奇（James March）教授在思考人类和企业行为时，表达了对贯彻目的性、一致性和理性至上的质疑，提出了要在“理智术”之外，辅以“愚蠢的技术”这一观点。我们需要一种机制，它能够允许我们做一些蠢事，摆脱理智逻辑的束缚，那就是玩耍。

未来的组织，要为玩耍、愚笨留下广阔的空间。

在现实世界中构建隐喻模型来构建知识

“地图不是疆域。”“乐高认真玩”工作坊包括自然空间、心理空间和隐喻认知空间。

隐性知识的提出者迈克尔·波兰尼（Michael Polanyi）认为：我们知道的比能说出来的要多。在组织活动中，更多的是我们尚没有觉察且很难表达的“不知道我们知道”的知识和智慧。在社会和企业里，包括非正式和难以明确的技能或手艺，我们常常可以称之为“秘诀”(Know-how),隐喻模型是乐高工作法的核心,或者说是它有别于其他乐高积木搭建形式的重要差异——我们从来不搭建任何有形的物件。隐喻不是思想的外衣,隐喻就是思想。通过隐喻模型,我看见了你的所思;通过对话和澄清,我明白了你的所言。

隐喻并不只是一种修辞手段,它还是人类思维过程的一种机制,一种用于理解抽象的概念和事物的重要机制。我们理解复杂的概念或事物的过程其实就是以隐喻“映射”的过程。在企业应用中,个人和团队搭建模型,用言语叙述,开展团队对话,做出身体动作。积木隐喻联结内在心理现实与人们共同感知的外在世界,社会环境中的隐性知识从而得以呈现、分享和收获。

积木作为一种媒介介入,在隐喻和场域的空间中支撑起组织学习的发展和意义社会的建构。它既是个人心智模式被照见的过程,也是组织变革中激发共同看见的能力、调动内在承诺和能量、产生行动动力的过程。

用手助大脑一臂之力

“双手是人类最智慧的工具。”

人类的手独一无二。人类的对生拇指(也就是大拇指)和其他四个手指相对,让人有了抓握工具的能力。大拇指领先进化,进而演化出携带、改造工具的能力,确定了人类文明的统治力。大脑中控制手的活动的区域分布在几个不同的部位,面积达到大脑皮质的 1/4。

科学家认为，手是使人能够拥有高度智慧的重要器官。手是人的第二大脑，发挥动手能力的过程就是大脑创新思维后的实现过程。

在乐高工作法中，我们用双手搭建模型，从而构建认知，用搭建具象的模型进行抽象的思考，用手引领大脑思考。

触觉和认知之间有紧密的联系。除了传统学习中的视觉、听觉、动觉等，双手触碰积木的触觉在“乐高认真玩”工作坊中成为独特的认知构建途径。对生拇指，双手搭建，触摸积木。心理寓于身体，心智具有具身性。乐高工作法是具身学习的方式。

想象力是我们感知看不见的东西的心理能力，是人类独特的能力。手脑并用时，人们可以用想象力来解决企业最复杂的问题。

组织变革的悖论是，你不能通过改变人来让变革发生，你只能创造影响变革发生的环境，而人会在环境中选择改变。在过渡空间中游戏，在安全的场域中，用双手搭建模型，让自己被倾听，被接纳，被认可，从而让变革发生。

人是不能被改变的，除非他感觉到被看见；人是不能被改变的，除非他感受到被触碰。用双手触碰，在空间中玩耍，身份改变。

人工智能时代珍贵而稀缺的能力

综上所述，“搭积木，讲故事”包含认知语言学的语言转向，以及行动科学和战略过程的实践转向，用双手构建认知的社会建构的身体转向，这些就是乐高工作法的底层逻辑。

2010 年 10 月，我第一次去丹麦，懵懵懂懂走进罗伯特·拉斯穆森（Robert Rasmussen）的工作坊，我当时并不知道这个方法会如此深刻地改变我的人生。2016 年 9 月，我协助佩尔·克里斯蒂安森（Per Kristiansen）第一次在中国举办了有 12 名学员参加的“乐高认真玩”基础认证课程，我并不知道我们同时也打开了一片令它开枝散叶、蓬勃发展的新天地。

现在中国有近 200 位国际认证“乐高认真玩”引导师，全部由罗伯特或佩尔认证，天津大学下设“乐高认真玩”“动手实验室”，惠普（中国）、美国通用电气、中欧国际工商学院的“乐高认真玩”引导师也在各自的机构中做过沙龙分享。我也和中国“乐高认真玩”社群一起参加过全球、亚洲及国内的年度峰会。LSP 引导师林卓然、王昕洋、孙宁莉和王芳也参与了对本书章节的审校。

此书是一份邀约，欢迎你带着身体和双手，进入这个尖顶直触天穹的宏伟的“乐高认真玩”大教堂，进入“乐高认真玩”方法的明亮空间，进入全球及中国教练社群。

在人工智能迅速发展的时代，过量的视觉影像与高度发达的移动技术使得人们身心俱疲。身体既是认知的主体，也是认知的客体。在信息泛滥的时代，我们要恢复身体性的自己，弱化信息性的存在。

德国文学家、哲学家席勒说：“只有当人成为完全的人时，他才游戏；也只有当人游戏的时候，他才完全是人。”

一切从身体出发，用双手思考，解决企业最具挑战性的问题。

忘掉数字化，进入游戏空间，欢迎进入“乐高认真玩”世界。

你能用乐高工作法打造优质企业吗?

扫码鉴别正版图书
获取您的专属福利

扫码获取全部测试题及答案，
看看你能用乐高工作法打造
优质企业吗

- 乐高集团只是想扩大市场，所以才开发出乐高工作法。这是对的吗？（ ）

  A. 对

  B. 错

- 乐高工作法只是激发创造力和创新的工具。这是对的吗？（ ）

  A. 对

  B. 错

- “认真玩”就是“带有明确目的的玩”。它的目的就是（ ）。

  A. 玩的开心

  B. 破冰

  C. 在工作间隙休息一下

  D. 使参与者积极参与、解锁新知识并破除惯性思维，来解决实际问题

扫描左侧二维码查看本书更多测试题

目　录

前　言

乐高工作法的潜力

我们撰写本书的目的，在于向读者介绍乐高® 认真玩® 方法。我们将解释该方法形成的缘由、过程，以及它获得了哪些理论的支持；同时，还将给出一些相关示例，向你展示它是如何为全球各种组织机构提供帮助的。本书并非向你提供一本流程手册，介绍如何使用五个简单步骤就能改善业务，而是带你踏上了解乐高工作法的旅程。

你可能会想：我为什么要读这本书？

或许，你总觉得自己未能充分发挥与生俱来的潜力，并为之苦恼，这可能会是你阅读本书的原因。或许，你在观察自己或者别人的孩子玩耍时，会思考是否有某种方法能够将玩耍中互动的力量带入组织中去。或许，你相信团队合作中蕴藏着巨大的创造力，而你想找到一种释放它的方法。或许，你观察到在专业项目中，许多人心怀善意，却始终无法携手前行。也或许，你只是对何谓乐高工作法感到好奇。

上述种种，都不失为阅读本书的充分理由。我们的目标在于帮你找到上述问题的答案，同时解答你在阅读过程中可能会遇到的其他问题。

然而，为什么我们现在才写这本书呢？

正如我们将在序言之中所述的，乐高工作法发展至今，已经走过了一条坎坷崎岖之路。其商业模式和运营机构也已屡次发生变化。然而，或许其中最关键的难题，在于把握对乐高工作法的了解，进而定义这种方法。最终，其定义向我们展示出，它是一套严谨的方法，让我们得以更加清楚地理解何谓乐高工作法，明白它的用途以及它是如何为团队创造价值的。

很自然地，我们持续探索这一方法，对它的理解会变得更加透彻，会不断收获新的领悟。如今我们对这一方法的认识与应用维持在稳定的水平。自我们培训出第一批引导师以来，已经过去 20 多年[①]了，该方法已广泛应用于世界各国的多种组织，包

---

① 2021 年 9 月，“乐高认真玩”全球社群举办了该方法面市（第一批引导师认证）20 周年庆祝活动。——编者注

括政府机构、全球化企业、大型银行、初创企业、国际制造公司以及其他实体。在整本书中，尤其是在第 11 章，我们为读者提供了各种案例。简而言之，乐高工作法将它的故事分享给更多人的时机已然成熟。

接下来的问题自然是：为什么由“我们”来撰写乐高工作法的故事？

自乐高工作法的发展伊始，我们就全程参与，有时通力合作，有时各自担当。在过去的 10 多年中，我们都一直致力于推动各种项目和计划，这些项目和计划无一不与乐高工作法有着千丝万缕的联系。

乐高工作法只是一个概念想法时，我们就参与了该方法的开发；无论该方法是由乐高集团的独立子公司 Executive Discovery 所拥有，还是它属于乐高集团内部的业务部门，我们都参与了该方法的管理工作。首批引导师培训计划以及首版引导师培训手册皆由我们参与制定和执行。刚开始我们以 Executive Discovery 员工的身份，随后又以乐高集团员工的身份，许多年来一直为世界各地的团队开办工作坊并提供培训计划。如今，作为合作伙伴，我们二人都各自拥有并经营着一家专门从事乐高工作法相关业务的组织：罗伯特创立了拉斯穆森咨询公司（Rasmussen Consulting Company），佩尔与他人合伙创立了 Trivium 公司。这两家公司的总部均位于丹麦，致力于乐高工作法在全球范围的推广和应用。

我们的工作仍以乐高工作法为中心。我们为全球各地的多种组织定制设计并交付工作坊，还运营“乐高认真玩”引导师的认证课程。认证课程除了以我们各自的公司名称开展，有时也会以“乐高认真玩大师级培训导师协会”（the Association of

Master Trainers in the LEGO SERIOUS PLAY method）这个共用的名称进行全球推广。最后，我们成为乐高集团的咨询顾问，与乐高集团开展密切合作、支持乐高工作法的持续发展。

回顾乐高工作法的历史，我们可以清楚地看到，在不少关键时刻，是许多专业人员、粉丝、朋友、盟友、使者等和他们不懈的坚持，使这个方法得以生存下来并保持发展势头。这些人不胜枚举，由于篇幅有限，所以我们只能在此重点提及克伊尔德·科尔克·克里斯蒂安森（Kjeld Kirk Kristiansen），他是乐高集团的第三代接班人、乐高集团创始人的孙子。正是由于克伊尔德提出了一种别样领导方式的创见，从而催生了乐高工作法。他一直将乐高积木视为一种能够帮助人们释放潜力的语言，并且他很快就意识到，通过乐高工作法，这种语言能够在企业董事会中应用。克伊尔德认为乐高工作法蕴藏着巨大的潜力，正是由于他的坚定信念，这个方法才能屡屡转危为安。若没有他，就不会有任何关于乐高工作法的故事，也就不会有本书的存在。

引 言

乐高工作法，
让一切成为可能

如今我们所讲述的乐高工作法，是一段旅程的小结，而这段旅程早在 20 多年前就迈出了第一步。乐高工作法的出现，既非为了将乐高集团的业务范围扩展到新的市场领域，而制定有意识、有预谋的长期战略；也非为了应对市场需求，由市场部门所想出的对策或者新想法。

事实上，如今被称为“乐高认真玩”的这一方法，在刚开始的时候甚至连一个名称都没有。那时，它仅在乐高集团内部使用，公司希望能够通过这一方法，激发组织成员以更富想象力的方式来制定战略方向和计划，以此来释放组织成员所蕴藏的潜力。

早在 1994 年，乐高还是一家私有公司（如今依然如此）。克伊尔德那时不仅是公司的第三代接班人，而且是公司的首席执行官。当时乐高集团已经稳坐行业龙头 20 多年，它的未来前景同样一片光明。然而，其中也存在着少许隐患。电子游戏这样的新型玩具正在进入市场，孩子们的游戏方式也各有不同。并且，由于成熟行为越来越低龄化，人们经常会用“小大人”来形容孩子们。

乐高集团敏锐地感受到了这些变化带来的影响，因此，克伊尔德自然而然地将注意力转向了他和他的领导团队在制定战略时所采用的方式和技术。他对领导层商讨的结果不甚满意。乐高集团做的是让玩家发挥创造力和想象力的业务，但制定新战略以及战略方向时所采用的方式却毫无想象力。

与此同时，瑞士洛桑国际管理学院的巴特·维克托（Bart Victor）教授和约翰·鲁斯（Johan Roos）教授正在研究新的战略制定方法。瑞士洛桑国际管理学院在乐高集团的领导力发展中发挥了重要作用，双方一直保持着密切的联系。瑞士洛桑国际管理学院的教授还为乐高集团提供咨询服务。在团队中采用的传统战略制定方法上，维克托教授和鲁斯教授与克伊尔德有类似的经验。1996 年，克伊尔德与两位教授取得了联系，他们意识到，传统的战略制定方法给他们带来了类似的挫败感。他们三人都认为：

- 人是组织成功的关键——人们能够做好，也希望做好。
- 战略是实践，而不是存在于文件夹中的文件。

然而，这些原则并没有发挥作用。人们既没有发挥出自己拥有的全部潜力，也没有将战略运用到工作的方方面面中去。于是，克伊尔德决定通过成立独立的乐高子公司 Executive Discovery，来资助针对这一难题的研究。这个研究的目的在于使乐高工作法能够在公司内部得以应用，并且使教授们能够在真实世界的环境中进一步推进其学术研究。在战略制定、复杂自适应系统、领导力和组织行为方面，鲁斯和维克托都有着深厚的学术背景。就这样，作为推动这一研究的组织，Executive Discovery 应运而生。

在接下来的几年中，瑞士洛桑国际管理学院的教授们抛却了文字、便利贴和白板等他们常用的思考工具，转而利用乐高积木来呈现他们的战略概念。一个基本的假设是，如果你在董事会桌上放一大堆积木，并要求人们“砌造出自己的战略构想”，那么他们的想象力就会像孩子那般源源不断，同时，这种练习还将为与战略制定相关的概念，如身份、形势以及简单指导原则等注入生机。迄今为止，这些概念仍然是许多“乐高认真玩”工作坊在实际运用中的重要组成部分。

然而，在这些试验性会议的前 45 分钟内，会议室中虽然充满了欢声笑语，但预想的结果并没有出现。显然，仅靠积木本身，并不能给人们带来新的思维方式以及更丰富的想象力。

这些令人沮丧的经历，带领乐高工作法走向第一个关键路口。这仅仅是一个不可能奏效的糟糕想法吗？还是说，该方法中依旧缺失了某些东西？当时人们已经形成了一些有趣的战略概念，但对于如何将这些概念套用于积木之上依然一无所知。1999 年，乐高工作法遭遇了第一次生存危机。

但是，Executive Discovery 的董事会决定暂不放弃它。董事会询问当时的乐高教育公司研发总监罗伯特，能否考虑“乐高认真玩”这一想法的可行性。罗伯特答应了，同时他继续在乐高教育公司任职。罗伯特在 Executive Discovery 的同事经常说，他在两家公司都倾注了百分之百的心血——对乐高教育百分之百投入，也对“乐高认真玩”百分之百投入。

罗伯特开始研究如何将他所拥有的关于儿童学习和发展的知识，运用到成人环境中去，以及战略制定中去。他和一个由兼职的工作者自愿组成的小型团队一起，着手展开研究，并在不到两年的时间内，开发出了乐高工作法。随着他们工作的不断深入，相关的战略概念已不仅仅是理论而已。2001 年，作为一种“针对团队思考、沟通和解决问题的技术”，乐高工作法的第一个版本成功出炉。

该版本历经了 20 多次迭代，使用了无数块乐高积木。其间，罗伯特的妻子吉蒂无数次帮助他将所有的积木分别装入小的保鲜袋中，作为试用套件供研究使用。瑞士洛桑国际管理学院的教授将乐高工作法的原型用于真实的公司会议中，以确定积木的何种使用模式能够在不同群体之间产生一致的结果——这也正是“乐高认真玩”规则的起源。到 2001 年底，该方法的流程已经能够在不同团体之间稳定开展，不仅效果喜人，而且具有可复制性。同样在 2001 年，他们培训出了第一批引导师，并成立了一个专门的团队来负责乐高工作法的推广和运作。

开发工作中涌现的主题之一，是让不同团队的成员能够认识到他们所属的整个系统的价值，进而让他们更好地展现全局、应对未来。从涉及团队角色、关系和文化的观点出发，使人们全面了解他们当前的系统，并使用特定的情景来对系统进行测试，团队成员便能够以更强的信心、更敏锐的洞察力以及全身心的投入，来应对未来的挑战。

乐高集团里几乎没有人知道克伊尔德的这个冒险试验。乐高工作法的开发也没有在丹麦乐高集团的总部进行。罗伯特研发该方法的基地，位于美国康涅狄格州的一个偏远农舍。在位于瑞士洛桑的“想象力实验室”中，鲁斯和维克托及其团队以他们的理论知识为基础，对该方法的过程进行了试验并记录了结果。

自乐高工作法于 2001 年下半年投入市场以来，至我们写作本书时，已经过了 20 多年。在过去的 20 多年中，乐高工作法多次历经生存挑战，但这些挑战都与其流程本身无关。事实证明，乐高工作法的效果比最初预想的更加喜人，通用性也更强。

到 2002 年，成熟稳定的培训模式已经形成，我们开始为美国和欧洲的引导师提供培训计划。2004 年，佩尔修改了针对引导师的“乐高认真玩”培训计划，以进一步强调该方法所包含的一系列应用。2006 年，罗伯特定义并构建了该方法的应用技术，使该过程更易于应用到业务、团队和个人发展等广泛的主题中去。最后，在 2010 年，我们重新组织和完善了培训计划。在历经数次微调和更新之后，这个引导师认证计划最终形成并一直沿用至今。

从 2002 年到 2010 年，乐高工作法经历了一系列挑战，屡屡涉及如何将其商业模式融入乐高的价值链中去。这个想法是克伊尔德的心血结晶，非常符合他的价值观。到了 2002 年，Executive Discovery 所肩负的任务就不再是单纯的研究了，它同时还需要将乐高工作法推向市场。

2001 年，在英国注册的 Executive Discovery 关闭，转而在美国注册了新公司 Executive Discovery 有限责任公司（后面均指这家公司），新公司设在康涅狄格州。罗伯特辞去了乐高教育的工作，成为 Executive Discovery 有限责任公司的首席运营官。维克托和鲁斯也在新公司任职，维克托担任兼职首席执行官，鲁斯担任董事会成员，同时他们仍继续他们的学术生涯。

为什么克伊尔德要专门提供资金，创办乐高集团的姐妹公司 Executive Discovery

有限责任公司，来研发同属于乐高集团名下的“乐高认真玩”产品呢？

克伊尔德的这种做法出于四个原因。第一，他知道像这样出于个人兴趣而开展的小型项目，极难符合乐高集团高效批量生产玩具的预期。如果在乐高集团提出开展该项目的设想，市场部门和制造部门将会立即反对。第二，该项目将会有多大的商业潜力很难预估，通过将其置于乐高主流产品之外，克伊尔德得以将其风险降至最低。第三，他希望这是一个长久的项目，而不是只能风靡一时的“下一个大项目”。

第四个原因，则暗藏在公司名称“Executive Discovery”之中。克伊尔德担心，由于乐高“玩具”的形象已经深入人心，所以“乐高认真玩”作为一个与乐高主流产品竭然不同的新项目，反而可能更难引起人们的兴趣。如此一来，乐高的名字非但不能起到四两拨千斤的效果，反而会成为不利因素。同样，他希望新公司的名称能够体现出该项目是为在董事会和高管办公室中制定战略而设，它的重点应在于“认真玩”，而不是“乐高认真玩”。

2001 年，佩尔正式加入罗伯特的团队，成为第一批员工之一。佩尔负责将“乐高认真玩”产品引入欧洲市场。为顺利开展对“乐高认真玩”引导师的培训认证计划，我们组成了认证课程主培训师团队。2001 年到 2003 年底，Executive Discovery 有限责任公司的团队由 10 名风格不同但均高度敬业的人员组成，他们分别在美国康涅狄格州和田纳西州、意大利米兰以及德国慕尼黑工作。

回顾过去，我们庆幸自己保持着一定程度的天真。我们深信世界对新事物的开放态度，世界也为迎接我们了不起的项目做好了充分准备。我们决定开发一种伙伴关系商业模式，即任何组织一旦完成了由 Executive Discovery 有限责任公司所授权的引导师培训并取得合格证明，我们便会与其签署合作伙伴合同。

早期一系列失败尝试的结果，让我们决定选择与已获授权的组织建立合作伙伴关系。乐高工作法的价值并非来自乐高积木，而是来自积木和流程的结合。这种商业模式使我们能够控制相关知识产权和随附套件的获取权限。第一批引导师于 2001 年 9 月完成培训。2002 年 1 月，在引导师的培训计划经过调整之后，“乐高认真玩”项目便正式启动了。

2003 年底，乐高工作法面临第二次生存危机。它并未像预期中那样在全球范围内发展起来。纵然有诸多亮点和成功案例，但总的来说，我们离真正实现我们的愿望还很遥远。

尽管乐高工作法的运作和效果符合我们的预期，但在市场上推广和销售它的困难程度却远超我们的预料。通过媒体报道，我们得知，乐高工作法几乎不可能摆脱“玩具”形象。事实证明，不仅创立公司成本太高，而且 Executive Discovery 有限责任公司还存在着组织架构不当的问题。加之公司成立早期就存在的财务问题也逐渐浮出水面，导致 Executive Discovery 有限责任公司于 2003 年 12 月底彻底倒闭。随着该公司团队的解散，乐高集团获得了所有相关的知识产权，Executive Discovery 有限责任公司一直以来与鲁斯和维克托两位教授的合作也随之终止。

2004 年初，乐高集团仍身陷生存危机之中，不得不为自身的生存而奋斗。在这种境况之下，公司对继续发展乐高工作法意兴阑珊。幸运的是，在公司内部有几名经历了该方法整个发展历程的员工代表，如果没有他们的奉献，乐高工作法如今将不复存在。正是这些人挽救了乐高工作法的命运，他们不仅确保了在公司内部建立起相关业务线，并为此提供了继续开发和推广所需的资源。佩尔担任该业务线的总监，并在位于米兰的基地开展工作，而罗伯特则开始在美国建立起自己的“乐高认真玩”业务。

佩尔回到乐高集团所做的第一件事，就是重新考虑“乐高认真玩”业务的商业模式，修改相关文档材料并调整培训方案。此外，为了证明保留该业务线的价值，公司还要求他提交其利润和销售额信息，并要求他在 2004 年底之前上交。因此他也开始着手完成此项任务。

遗憾的是，乐高集团在获得“乐高认真玩”业务的知识产权后，就将原始的建立合作伙伴模式发展成了缴纳授权费用的模式。这样做也是为了增加“乐高认真玩”特别套件的销售收入，只有与乐高集团成为合作伙伴或者与之签订授权合同，才能购买这些套件。

乐高集团希望，该业务线能够在控制成本的前提下实现有机增长。因此，该业务线奉行的准则就是，尽可能以最低的成本和投资来维持生存并保持增长。“乐高认真玩”业务线达到了这些目标，整条业务线的发展似乎稳定了下来。2005 年下半年，佩尔离开了乐高集团，在其他公司担任领导职位。但是，他仍以顾问委员会成员的身份，继续参与“乐高认真玩”业务线的工作，并与罗伯特一起，继续代表乐高集团为其他组织提供引导师培训。

到 2007 年为止，该业务线一直保持着稳定的发展。虽然该业务线做到了维持生存并保持缓慢增长，但有人已经意识到这并非长久之计，是时候做出变革了。摆在该业务钱前面的路有两条：要么直接放弃，要么加速推进。2007 年前后，乐高集团选择了加速推进该业务线的发展，因此，负责“乐高认真玩”业务线的员工都开始制定新的战略。这条加速前进的“快车道”导致乐高工作法走向第三次生存危机。

“乐高认真玩”业务线的员工想要制定一个能够创造足够收益的战略，以在乐高集团内部扩大该业务线的专门团队，并进一步发展该业务线。他们最终制定的战略主要包含两方面的内容：其一，通过在每个地理区域内任命一位主要合作伙伴来发展合作伙伴业务；其二，在公司内部提升为终端客户提供服务的能力，即开发“乐高认真玩”咨询服务。

该战略计划在理论上具有可行性，并于 2007 年启动。为了发展该业务线，乐高集团聘请了一位新领导。新领导上任之后，开始在公司内部组建新的团队，并计划于 2008 年将新战略推向市场。罗伯特也成了这个新团队的一员，他在 2008 年初和家人回到丹麦，以兼职的形式加入“乐高认真玩”团队，同时继续做着他在美国的“乐高认真玩”业务。他的职责是培训引导师，并审查新应用的开发情况。佩尔则成为新成立的合作伙伴理事会成员之一，时常以外部资源的形式为该团队提供支持。

到 2008 年，战略计划的发展变得越来越不稳定。事实证明，整个新团队对“乐高认真玩”的方法、乐高文化和领导力的理解都极为有限。最终，到 2008 年底时，罗伯特认为自己除了离开乐高集团、离开“乐高认真玩”团队之外，别无选择。2009 年初，就在战略计划的实施刚刚起步时，乐高集团解雇了新团队的领导者。这一举措不仅搁置了“乐高认真玩”业务加速前进的新战略，还使其陷入了第四次生存危机之中。自2002年以来，“乐高认真玩”业务的从业人员社区不断壮大，这些人所关注的重点在于，如何继续使用该方法来开展他们的业务。因此，他们仍需要渠道去购买由乐高集团生产和销售的特殊“乐高认真玩”套件。

2010年5月，乐高集团准备向“乐高认真玩”社区宣布其新战略。然而，此次的新战略既非“放弃”也非“加速”，而是“成长”！自2002年该方法的商业模式推出以来，乐高集团一直有着一条不成文的规定，即对于向终端客户提供服务的合作方，乐高集团必须完全掌握对他们的培训、认证以及授权过程。乐高集团认为，如果不将此过程牢牢把控住，公司就会极易面临品牌体验受损、该方法沦为一时潮流的风险。

“成长”战略使人们能够以一种类似于“开源”的方式使用乐高工作法，这种方式被称为社区模式。由乐高集团独家提供的认证培训不复存在了；之前“只有与乐高集团成为合作伙伴或者与之签订授权合同，才能购买特殊的‘乐高认真玩’套件”这一规定，如今也取消了。乐高集团决定给该战略为期两年的试行期。如今“乐高认真玩”概念已经广为人知，乐高集团希望这一更加开放的新模式将能够使该方法获得显著的成长，并希望已经成熟的社区能确保该方法在实际运用时与其核心价值保持一致。“成长”战略减少了乐高集团在提供“乐高认真玩”材料和支持方面的参与度，乐高集团通过一个专门的网站来为社区提供支持。乐高集团每年还会举办一次以分享最佳实践为目的的年度会议。

试行期在2012年中旬结束时，乐高集团内部和外部所得出的结论是一致的，即乐高工作法以及由粉丝和实践者所组成的社区已经实现了成长。试行期的成果完全达到了乐高集团对维护品牌质量和推广实践质量的期望，因此，乐高集团决定在未来的发展中，不断保持“乐高认真玩”品牌的活力。乐高集团还承诺，盈利与否将不作为判断是否继续发展该业务线的决定性因素。最终，乐高集团将该业务线的部分责任转移给了乐高基金会。乐高基金会由克里斯蒂安森家族所创立，是一家与乐高集团有着紧密联系的非营利性基金会。

在成熟的“乐高认真玩”社区中，甚至不乏一些从一开始就热衷于实践推广该方法的人，那么，该社区究竟是由哪些人组成的呢？他们来自世界各地，是一个高度多样化的群体。事实证明，该方法在欧洲、亚洲、美洲、非洲和中东等各个地域、各种文化、各种语言环境中，都能够很好地发挥作用。该方法中蕴含的原理和技术似乎有着极强的普适性。

如此一来，你可能会想问：“乐高认真玩”作为一种思维工具、一种沟通和解决问题的方法，既然自开发以来已经过去 20 多年了，它又是如何在保持形式不变的情况下仍旧适用于当下的呢？实际上，它可能比刚开发出来时更具吸引力！请试想一下，你有一辆车龄 10 年的老车，它可能仍能满足你的出行需求，但如今它对你而言可能并没有什么吸引力了。尽管两个世纪以来，汽车的基本组成部分并没有太大变化，还是由四个车轮、引擎、座椅和方向盘构成，但是，与 2003 年的汽车相比，2013 年的车往往具有更好的燃油经济性和安全性，驾驶起来更舒适，设计更时尚，并且带有 GPS 定位功能。

将这个比喻用在乐高工作法上恰到好处。粗略看来，它似乎与之前相比没有变化，依然有着同样的基本组成部分。然而，细看就会发现，如今的版本比 2002 年推出时要复杂得多。现在，这个方法具有“更好的燃油经济性”，即能够在更短的时间内创造更多的价值；“驾驶速度更快”，即如今它的应用更具针对性；“从仪表盘到驾驶员等各项信息更加全面”，即该方法的整体设计都已得到了极大扩展。如今，我们对乐高工作法应用流程的引导，都是建立在对它的科学理解之上的，而不再像最初的开发阶段那样，仅凭直觉和假设。

如果我们沿用汽车的比喻，那可以说 2002 年的乐高工作法就像是福特 T 型车①，“颜色任你想，黑色供你挑”。而到了 2014 年时，“这款车”就拥有了前文中所提到的各种品质。虽然它的本质没有发生根本性改变，但现在它拥有了多种版本供你挑选，而且最重要的是，你可以对其进行定制，以满足自己的独特需求。

从一开始孕育乐高工作法到现在，它已进入青少年时期，一路走来，实在是无异于一场“艰辛并快乐着”的旅程，一路上我们收获颇丰，同样也历经波折。如今，仍是如此。一路上的收获使我们感到快乐，此处的收获并非指金钱上的回报，而是见证该方法的使用者（无论是组织层面还是个人层面）获得洞见和体验。

在接下来的 15 章，我们将带你走进乐高工作法的世界，让你深入了解其背后的科学体系，了解它的原理、步骤和具体应用，以及我们曾在何种场合用它来解决过何种问题。最后，我们还会与你分享，对于该方法未来的持续发展，我们有哪些期望。我们将从第一部分“认识乐高工作法”开始，探讨该方法存在的缘由及其关键要素。

---

① 福特 T 型车是美国福特公司于 1908—1927 年推出的一款汽车产品，大多数都是黑色的。——编者注

多年来，许多人通过乐高工作法获得洞见，并把这形容成他们“从此改变人生”的经历。对作为读者的你而言，这本书带来的影响也许不及改变人生的程度，但是，一切皆有可能。请享受其中吧！

BUILDING A BETTER BUSINESS USING THE LEGO® SERIOUS PLAY® METHOD

第一部分

认识乐高工作法

导读

这部分将介绍乐高工作法的全貌，或可称为“乐高认真玩的版图”。这部分涵盖有助于了解这套创新方法的四大重点：

1. 企业需要一套能提供高效解决问题、逐步进化，以迎接挑战的方法。

2. 乐高积木的本质，其背后所蕴藏的力量与历史。如何在乐高工作法中使用积木，以及这个过程所带来的不同。

3. 我们所说的“认真玩”究竟有何含义。

4. 上述三点如何合而为一，成为我们所定义的乐高工作法。

第 1 章

精进商业效能的必要性

我们在序言中介绍了乐高工作法的发展历程，也讲述了乐高集团司所面临的挑战。自 2001 年底、2002 年初以来，诸多事情发生了变化，类似的挑战却变得更加清晰和紧迫了。以我们的经验来说，乐高工作法能成功揭露许多商业与经营管理层面的问题症结，同时也为企业组织带来了改变，因此，乐高工作法有持续应用的必要。

乐高工作法能够从三方面提供解决方案：

1. 打破 20/80 会议模式，创造投入性；
2. 引领解锁新知识；
3. 破除惯性思维。

我们将以上三方面按此特定顺序展示（如图 1–1 所示）的原因在于：管理者必须打破 20/80 会议模式，使每一名与会者都能积极参与到会议中；一旦做到这一点，他就必须引领每个人解锁新知识，终能破除人们的惯性思维，挖掘出令人惊讶的新洞见。

在描述这三种挑战类型时，我们的侧重点并非在内容上，而是在其动态或结构上。这无疑与我们视乐高工作法为一种语言的观念一致。在面对任何复杂问题时，管理者可能都会希望能够超越 20/80 会议模式、解锁新知识，并破除惯性思维。

因此，让我们来更深入地探讨这三种类型的挑战。

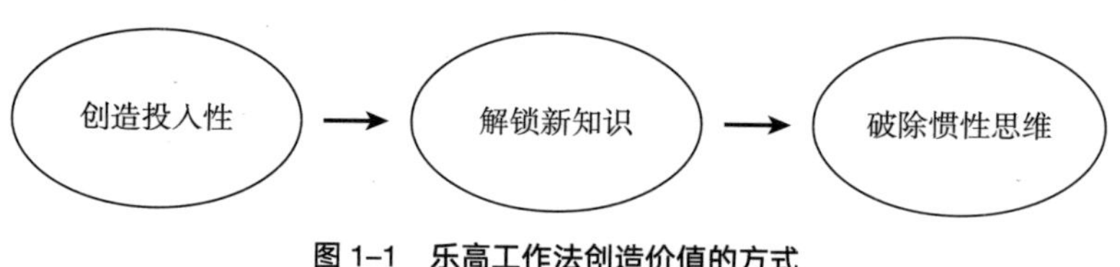

图 1–1　乐高工作法创造价值的方式

打破 20/80 会议模式，创造投入性

图 1–2 形象地展示了许多企业组织多数的会议形态：处于心流状态或缺乏心流。

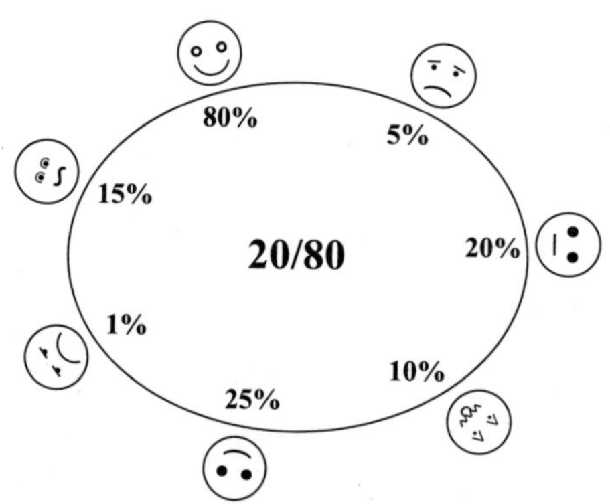

图 1–2　典型的 20/80 会议

会议通常由一名或两名资深人员和（或）会议召集人主导，且他们享受会议过程。从人数上来说，他们占全部与会者的 20%，但整场会议 80% 的时间都由他们占用。故此，我们称之为“20/80 会议”。更糟的是，这些人通常也只发挥其全部潜力的 70%～80%，来解决会议中提出的问题。剩下 80% 的与会者为解决问题所做出的贡献更少，可以说是微不足道。不仅如此，由于整场会议给他们带来了消极体验，所以当会议结束后，他们很可能还会将这种消极情绪带入工作中。

之所以造成这种情况，主要是由于一旦与会者中有几个主导性强、性格外向或思维敏捷的人开始发表看法时，他们就会自然而然地把控会议的进程和讨论问题的角度。会议缺少民主的流程，来确保每个人都有发言与被倾听的权利和义务。

此类会议通常还有一个特点，即与会者的身体姿态表明他们游离于对话之外，而没有参与其中。他们会把椅子向后推离会议桌、散漫地坐在椅子上，或是瞥向窗外，或是在智能手机上查看电子邮件以及社交媒体上的更新信息。这些肢体动作非常明显地反映了其心不在焉没有投入的精神状态。

不论是 20/80 会议模式，还是心不在焉的状态，都将导致低效的面对面会议。此类会议的“注意力密度”（attention density）很小。我们将在第 7 章进一步讨论注意力密度，在此，我们只需知道，它指的是“我们关注某件事物的时间长短以及强烈程度”，其中的“强烈程度”又可以进一步分为倾听、“倾听 + 目睹”和“倾听 + 目睹 + 接触”。如果与会者给会议带来的新见解、新想法极为有限，甚至没有，那么也就不可能产生新的解决方案。这些会议甚至可能具有破坏性：或是因为与会者未能参与创造价值的活动；或是因为未能解决会议中需要解决的复杂问题；抑或是因为此类会议本身不仅破坏了人与人之间的协作，甚至让与会者产生了压力，而这种压力会给人的大脑造成非常不利的影响。

管理者和领导者需要开展 100/100 会议，即 100% 的参与者都参与到讨论中来，并且每个人都贡献自己 100% 的潜力。

引领解锁新知识

当管理者能够开展全员积极参与的100/100会议时，就将面临一项新的领导力挑战：引领解锁新知识。具体来说，管理者必须解锁三方面的新知识：会议室里的知识、人们对系统的理解，以及组织目标与个人目标之间的连接。接下来，我们来逐一探讨。

会议室里的知识

管理者的第一项任务，是在“知识”方面做出角色转变。如今，我们每个人都能接触到海量的数据和信息，全部记住或全部处理几乎是不可能的。很多时候，对于给定的主题，我们甚至不了解或者不确定自己究竟拥有多少相关的知识。因此，当我们有一个非常聪明的团队，并且团队成员也非常渴望贡献出自己的力量，却不知道如何才能得出解决方案时，作为领导者或管理者，我们的工作就在于解锁个体的知识以及团体的共识。

上文指出了一个有趣的事实，即人们常常不清楚自己知道什么，这无疑使得上述挑战更加艰巨。这种现象与我们大脑的复杂构造有关，我们会将一部分知识储存在大脑深处，而将另外一些知识储存在大脑皮质或海马体等不同位置。因为我们并不总能确切地知道自己究竟掌握了多少知识，我们有时甚至意识不到自己知道什么。

我们将在第 7 章对记忆做更深入的探讨。此处，我们要传递的信息是：若想针对企业和活动进行创新改革，那么每个人都必须充分调动自己所掌握的知识，以此来发现往往会令人惊讶的潜在共识。此外，如果我们想有意识地对某项活动进行改革，无论是在个人层面还是团队层面，都需要明确这一目标并达成共识。否则，我们就无法引领解锁新知识。

对系统的理解

管理者的第二项任务是解锁员工对整个产业系统及其特点的理解。其中包括创建一种文化和流程，使员工能够理解组织需要持续地探究、感知并做出反应。由于当今大多数组织都在复杂自适应系统中参与竞争或协作，因此完成这一任务也随之变得更加迫切。由于复杂自适应系统经常会出现突发状况，因此解锁员工对系统的理解就变得至关重要起来。如果系统经常出现突发状况，就意味着，我们无法预测出单个变动将如何改变整个系统。此类突发状况通常具有不断变化、不可预见的特点，并能够改变整个系统的原有状态。

领导力挑战不再意味着在简单系统（simple system）[①] 中获得成功，甚至也不再意味着在繁杂系统（complicated system）中获得成功。在过去的简单系统中，领导者只

① 肯尼芬框架（Cynefin Frame）是一个帮助决策的概念框架，它将系统分为 4 个维度：简单（simple）、复杂（complex）、繁琐（complicated）和混乱（chaotic）。——编者注

需对信息进行理解、分类并做出反应即可。彼时，在此类系统中，采用固定的最佳方案以及等级森严的官僚制度都能取得不错的效果。

虽然在繁杂系统中，理解信息变得更具挑战性，但也并非不可行。员工可以对这种理解进行分析并做出反应。专家们往往能够在繁杂系统中取得出色表现，由此，我们可能会思考，当应对此类繁杂系统中的竞争时，“管理者即专家”的范式是否就是组织的自然反应。

然而，复杂系统（complex system）中同样会出现突发状况。因此，管理者和员工不能以消极的方式去收集信息。他们必须积极探究系统，从中学习，然后做出反应。在此过程中，各方将会对彼此产生更多的影响，全体成员也将和系统共同发展，这也正是我们需要解锁“理解”、达成共识的原因。

这个过程还包括理解团队当前身份，它未来会是什么样子的，以及这将如何改变系统。在复杂自适应系统中，我们可以将团队的身份视为这个系统中一种具有吸引力的特色。此外，该过程还要求团队成员能够对“能够改变什么”、“不能改变什么”以及它们之间的组合方式有深刻的认识。最后，管理者还必须对整个过程进行监督控制。

组织目标与个人目标之间的连接

管理者的第三项任务，在于解锁公司宗旨与员工目标之间的连接。从某种程度上而言，这项任务取决于组织在解锁员工对系统的理解时所取得的成果。如前文所述，这是一种基于理解团队身份的能力，而管理者首先要做的，就是明确团队的目标。

通常来说，如果管理者能够将组织目标与员工目标连接到一起，那么不仅员工的参与度将会得到提升，组织的运作将会更加良好，而且员工的满意度将更高。将组织的和员工的目标连接在一起，便能使多方朝着共同的目标努力，同时，各方之间还能构建起更有意义的关系，从而使包括客户在内的各方均能受益。

许多人指出，如今员工流动率越来越高，并且相较于公司的目标而言，他们往往更加重视自己的个人目标。因此，如果公司能够将自己的目标与员工的目标连接起来，那么，当组织处于关键时刻时，便能以更强大的适应力和更敏捷的速度去应对挑战。

破除惯性思维

如前文所述，如今员工不仅能接触到海量数据，而且通常还拥有非常深厚的专业知识。管理者面临的挑战不仅包括如何解锁员工所拥有的知识，而且还包括如何破除他们的惯性思维。

人类倾向于寻找符合自己认知的方式，一旦找到一种，便会故步自封。对于某一主题，如果我们拥有非常深厚的专业知识，往往就会确信自己需要寻找的是什么，并局限于此。虽然我们能够找到符合我们认知的数据，但我们也会无意识地忽略那些与我们认知不相符的信息。这无疑使我们错过了许多发现其他方式的机会，而其他方式往往不仅能带来诸多惊喜，而且极具价值。

关于上述现象，有一个非常典型的例子：克里斯托弗·查布里斯（Christopher Chabris）和丹尼尔·西蒙斯（Daniel Simons）为研究“选择性注意”（selective attention）的概念所做的一个知名实验——“看不见的大猩猩”。[①]在这个实验中，被试需要观看一段视频，视频中有两组年轻人分别站成一圈，传着篮球。实验要求被试统计其中一组年轻人的传球次数。在视频播放到中途时，有一个打扮成大猩猩的成年人走进了圈子中间，大力捶胸，然后咆哮起来。然而后来，大部分被试都表示自己没有看到这只大猩猩。原因很简单，这些被试将注意力全部集中到了统计传球次数上。这种选择性聚焦同样出现在柯达公司，该公司一直未能重视数字摄影，这很可能就是其走向衰败的原因之一；美国电影租赁连锁公司 Blockbuster 由于忽视了流媒体视频的兴起，而成为竞争对手奈飞的手下败将。然而，这并非一种新鲜现象。1878 年，英国邮政局的总工程师威廉·普里斯爵士（Sir William Preece）曾说：“美国人需要电话，但英国人则不然。我们有足够的邮递员。”显然，他也将注意力放在了错误的数据上。

因此，管理者的第四项任务，是帮助团队成员破除惯性思维。当团队成员试图寻找符合他们认知的解决方案，并在接受了第一套方案之后就停滞不前时，管理者需要让他们以不同的角度去重新思考、去进一步探索，以发现新的模式，新的模式往往能够带来令人惊喜的新解决方案。Scurri 是一家位于爱尔兰沿海地区的互联网初创公司，下文将以该公司为例来阐明，其管理者及创始人是如何通过乐高工作法来做到这一点的。

---

① 查布里斯和西蒙斯均为美国权威的心理学家，二人合著的《看不见的大猩猩》中文简体字版已由湛庐策划，北京联合出版公司 2016 年出版。——编者注

利用乐高工作法开发商业模式

背景：互联网初创公司 Scurri 成立已有数年，它不仅成功完成了两次融资，而且组建了一支优秀的团队。公司奉行埃里克·莱斯（Eric Ries）所提出的“精益创业”（Lean Startup）理念，又以阿什·莫瑞亚（Ash Maurya）所提出的“精益画布”（Lean Canvas）[①] 为工具，来聚焦其主打产品。除此之外，公司还以亚历山大·奥斯特瓦德（Alexander Osterwalder）所提出的“商业模式画布”（Business Model Canvas）[②] 为工具，来拓宽其战略思路。

议题：为了加快 Scurri 公司规模的增长，创始人和首席执行官认为，整个团队都必须了解整个商业模式以及其中各个要素之间相互影响的方式。

① 精益画布是一项研究产品的商业模式的实用工具，是呈现在一张纸上的可视化简明商业计划书，由奥斯特瓦德的“商业模式画布”方法改良而来。——编者注

② 商业模式画布是一种用来描述、可视化、评估和设计商业模式的工具。——编者注

乐高工作法提供协助：整个团队由 7 人组成，进行了整整一天的讨论。该工作坊是以商业模式画布为基础而设计的。团队以这个画布工具为框架，探索了核心活动、核心资源、价值主张、重要伙伴以及客户细分等元素。

结果：在工作坊中，Scurri 公司重新定义了其价值主张，选择了两个新的客户群作为重点发展对象，并根据新客户群进一步确定了几家重要的合作伙伴。团队成员还将讨论的所有内容都记录在“商业模型维基”（Business Model Wiki）中，供后续使用。Scurri 公司如今已经成功扩张到英国，完成了更多融资，并仍处于高速成长阶段。

考虑需求

在我们列出的所有需求之中，贯穿始终的是，管理者希望并需要去打造一个更优异、更具可持续性的企业。然而，要想做到这一点，管理者就必须解锁一些未知的事物。这些未知的事物包括：每名员工所拥有的知识、团队的共识、他们关于系统的知识、员工目标与组织目标之间的联系，以及通过破除惯性思维所能发现的惊喜。

一旦管理者能够利用乐高工作法来解锁上述未知事物，他就能够给员工和组织都带来极其深远的影响：

1. 从个人层面来说，乐高工作法能够使参加此类工作坊的员工改变他们的理解，从而进一步改变他们对待变革的态度。
2. 从组织层面来说，乐高工作法能够改变组织的运作方式。举例来说，此类变化可能发生在组织的方向、愿景上，也可能发生在成员之间做决定的方式（文化）上。

然而，这些挑战是如今才有的吗？是我们的时代所特有的吗？或许不是，因为变革永远都在加速，这是亘古不变的事实。下面是一段摘自 1867 年《科学美国人》（*Scientific American*）杂志的经典内容：

> 毫不夸张地说，相较于人类以前的所有成就而言，在最近的 50 年中，我们完成了更多的事情，获得了更丰富的发现，取得了更大的成就。对于光、移动和通信这三个至关重要的领域而言，我们这一代人所取得的进步，足以令历史上人类在这些领域取得的所有成就相形见绌。

别的不说，这段文字最起码有力地提醒了我们，每个人都生活在瞬息万变的时代洪流之中，并且，变革永远都在不断加速。因此，管理者将会面对更难解决的问题、更紧迫的开发时间、更快的变革速度，不一而足。

要想更好地应对这种局面，关键在于把握住系统的特征，以及此类复杂问题出现的时间节点。如今我们正处于一个所有人都能随时随地访问海量数据和信息的时代，但人们既无法很好地理解这些信息，也无从得知如何在个人知识与共享知识之间建立起联系。正是这种时代特征，催生了人们对乐高工作法的需要。

除此之外，由于我们正在进入“高科技”（high tech）和“高接触”（high touch）两种力量同时发挥作用的时代，因此，掌握平衡这两种截然不同但又可能互补的力量的能力，也变得日益重要起来。高科技为人类互动提供了一系列虚拟化的解决方案，其中包括在集思广益时无须受时间和地域限制等相对简单的技术，也包括虚拟现实等较为复杂的技术。但与此同时，许多个体和组织也会刻意选择面对面的互动方式，以增强互动时的注意力密度。

我们能够看到，一种平衡正在形成：虽然虚拟互动日渐增多，面对面互动日益减少，但是人们对面对面互动的结果将会有更高的要求，而这种要求远非如今现实中的互动结果所能及的。人们将会要求更大的注意力密度，将会制定一系列行为准则，来确保会议室内的每一名参与者都全身心地投入互动之中。

想要满足上述对高接触会议质量的要求，就必须从三方面着手。你或许已经猜到了，这三方面正是：打破 20/80 会议模式、引领解锁新知识，以及破除惯性思维。这无疑使乐高工作法有了用武之地。

乐高工作法旨在应对这些挑战，并从深化理解、增强信心和提升参与度三个角度来提供附加价值。该方法以一个群体动力学（group dynamics）和学习科学（learning sciences）的特定组合作为其独特的引导方式，来实现这一点。通过这种方式，它创造了一种能够激发个体潜力、增强团队联系的语言。这种语言中必不可少的元素正是乐高积木实物，以及乐高积木在乐高工作法中的特殊使用方式。

第 2 章

没有乐高® 积木，就不存在乐高工作法

在乐高工作法中，参与者必须回答一系列层层递进、不断深入的问题。以特意选择的乐高积木作为工具，每名参与者需要通过构建自己独特的三维乐高模型，来回答问题。小组讨论、知识共享、解决问题、制定决策等都以此类三维模型为基础。可以说，整个乐高工作法都是构建于乐高积木之上的。

最典型的乐高积木是红色的 4 × 2 积木砖，如图 2–1 所示。8 块 4 × 2 积木砖就有 915 103 765 种拼法。

图 2-1　乐高 4 × 2 积木砖

60 年来，无数儿童和成人用各式各样的乐高积木，拼搭出了他们眼中或真实或虚构的世界。当然，也有很多父母曾不小心踩到这些积木上，而发出过痛苦的叫喊声，甚至一两句咒骂声。

1949 年，乐高集团创始人奥尔·科尔克·克里斯蒂安森（Ole Kirk Christiansen）和他的儿子戈德弗雷德·科尔克·克里斯蒂安森（Godtfred Kirk Christiansen）对英国发明家希拉里·费舍尔·帕格（Hilary Fisher Pag）的“自锁式积木”做了改进，乐高积木的历史便自此开始。帕格发明的积木上有两排栓柱，每排 4 个，孩子们能够用这些积木来搭建小房子之类的模型。克里斯蒂安森父子对原始积木所做的改动并不大，他们将新积木重新命名为“自动拼插式积木”。从上面看，新积木与我们如今所熟知的积木非常相似，但其下方是空心的。

1949 年版本的积木与 2014 年版本的积木之间最显著的区别，在于早期的积木相互之间并不能牢牢扣住，玩家只能将积木堆叠在一起。因此，孩子们搭建的结构不仅极易倒塌，而且他们无法利用叠积木的方式搭建出斜屋顶的结构。乐高集团花了将近 10 年的时间，历经了数千次试验，才于 1958 年成功完成了最终的设计，并为该设计申请了专利，从而使乐高集团发展成今天的样子。

对于乐高积木拼搭在一起时完美契合的特点，乐高有一个专门的术语，叫作“咬合力”（clutch power）。在 2013 年出版的《乐高：创新者的世界》（*Brick by Brick*）一书中，作者戴维·罗伯逊（David Robertson）曾解释道：“半个多世纪前，乐高集团在历经了一系列屡试屡败、屡败屡试的试验之后，终于找准了积木拼搭的关键——咬合力，正是这种咬合力使乐高积木拥有了无限拓展的可能，也使孩子们能够随心所欲地搭建。与此同时，乐高积木也成为寓教于乐理念最生动的体现。”[1]

戈德弗雷德于 1950 年接管了乐高集团。据说，构建一个真正的乐高体系的想法，源于他与丹麦哥本哈根一家大型购物中心的玩具店经理的一次交谈。当然，戈德弗雷德早就意识到，模块化拼搭系统能够给孩子们带来无穷无尽的拼搭可能，而他想要创造的，是一款能够使孩子们终生受益的玩具。

激发想象力、满足创造欲望、体验创造的乐趣，是每个人都拥有的动力。彼时，戈德弗雷德就已经认识到，人不会因为年龄的增长而失去创造的欲望和创造带来的乐趣。这种动力一直存在于每个人的体内。如今，通过乐高工作法，成年人也拥有了感受和培养这种乐趣的机会。

戈德弗雷德制定了一套指导原则，以确保公司在未来的发展中能够始终坚持他所建立的价值观。该指导原则指出，乐高新产品的开发必须做到以下几点：

- 积木大小有限、拼搭创意无限。
- 价格合适。
- 简单、耐用、变化多端。
- 男女不论、老少皆宜。
- 经典之作、历久弥新。
- 便于推广。[2]

自 20 世纪 60 年代初以来，乐高集团便走上了一条不断成长、不断扩张之路。在随后的 10 年之内，公司不仅将市场从西欧扩展到美国、亚洲、澳大利亚和南美，同时还拓展了乐高产品线，打破了行业格局。其中，值得重点提及的包括：1961 年，公司推出了乐高车轮，即一种带有橡胶轮胎的圆形积木，如今，乐高集团每年需要生产大约 3 亿只车轮；1967 年，公司推出了得宝系列，这是一系列颗粒较大的积木，专为 6 岁以下的小朋友打造；1968 年，第一个乐高主题公园在丹麦比隆（Billund）顺利开幕。

1979 年，克伊尔德从他的父亲戈德弗雷德手中接管了乐高集团，出任公司的首席执行官。在接下来的 15 年里，他带领公司实现了非凡扩张，使公司的规模每 5 年就扩大一倍。公司之所以能够取得如此惊人的增长，源于克伊尔德不断为梦想付诸行动，其中包括扩大得宝系列产品线、重新设计包括乐高人仔在内的乐高拼搭系统，以及强调主题套件的概念，旨在使孩子们获得更好的游戏体验。强化主题的做法，使公司在以“城堡”和“太空”为主题的系列产品上取得了巨大的成功。

1955 年，乐高集团推出第一个主题套件，随后，无数个主题套件源源不断地涌现。这些主题套件不仅能激发孩子们去搭建真实世界的场景，如城镇、城堡、轮船、消防站、航天器、飞机等，还鼓励他们去搭建虚拟世界的场景，如《星球大战》、《生化战士》（*Bionicles*）、《哈利 · 波特》等电影中的场景。正如乐高集团在 20 世纪 60 年代的一次广告活动中所称，无论你用乐高积木拼搭出什么，都会跟“真的一样真实”。

游戏室外的乐高积木

在乐高集团的愿景中，乐高积木“不仅仅是玩具而已”，而是作为一种语言工具，激发人们系统性的创造力。这一愿景推动乐高集团将积木应用到学习和商业领域之中。长期以来，乐高集团的教育部门一直致力于将乐高积木作为探索科学、数学、技术和工程等科目的工具，应用到世界各地的中小学及其他教育系统中。例如，乐高教育有一款著名的产品——乐高机器人，不论是儿童还是成年人，都可以对乐高机器人进行编程，使其完成走复杂迷宫或者与人下棋等事情。

利用乐高建筑系列套件，成年人能够搭建许多著名建筑的比例模型，如威利斯大厦、流水别墅等。**在商业世界中，设计师能够利用乐高积木来进行快速原型制作、仿真和可视化，咨询顾问则可以使用乐高积木来做团队建设、工厂建模和物流流程等方面的活动。**

不论是在经典用法中用乐高积木搭建“真正的真实”的世界，还是在学习和商业场合使用它，两者的共同之处在于，积木是一种替代品。人们拼搭出机器、机器人、原型、建筑物、象棋游戏等模型，都是为了以一种可视化的方式去表现某种有形的事物，例如给定的产品或供应链等。因此，构建出的模型或过程应最大化地反映或体现现实世界的主题。这实际上是将乐高积木作为一种借代的载体。所谓借代，《韦氏词典》（*Merriam-Webster*）中给出的定义是：“一种用某一事物的名称代替另一事物名称的修辞手段，这两种事物之间具有类似属性或者密切联系。”在经典用法中，人们用乐高积木来搭建反映有形世界的模型，如图 2–2 中所示的乐高摩托车。在这种用法中，拼搭而成的模型看起来越接近摩托车实物越好。

图 2–2　乐高摩托车——乐高积木的经典用法

在乐高工作法中使用乐高积木

在经典用法中，我们将乐高积木用于搭建反映有形世界的模型，而在乐高工作法中正好相反，我们将用乐高积木来搭建无形世界的故事。这使我们能够以具体的三维模型来表达不具有物理形态的事物。

乐高工作法的重点不在于积木本身，而在于用积木所创造的故事上。当然，积木本身作为故事的载体，是不可或缺的。在这种用法中，我们用隐喻的方式来使用积木和模型，并基于所搭建的模型来讲述故事。

乐高积木的两种不同用法如图 2–3 和图 2–4 所示。在图 2–3 中，它是借代的载体；而在图 2–4 中，它是隐喻的载体——我们用鳄鱼的形象来代表某个毒舌的管理者。

图 2-3　一条鳄鱼

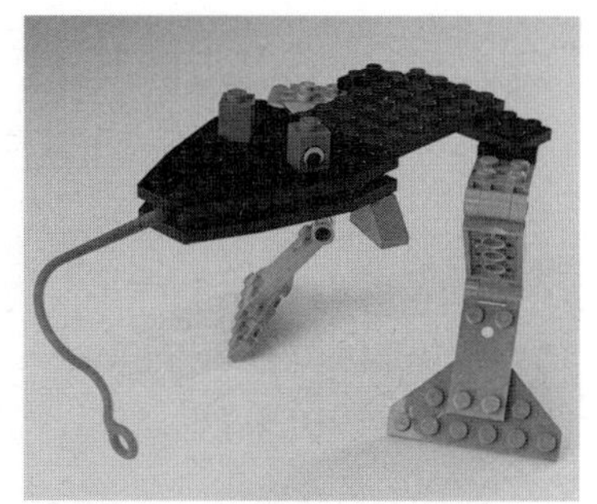

图 2-4　一个令人不快的管理者

乐高工作法通过隐喻来创造故事、讲述故事。隐喻是一种思维形式和语言形式，在这种形式中，我们以一种事物来理解或体验另一种事物。《韦氏词典》将“隐喻”定义为“一种表达形式，通常通过将一种事物与另一种人们熟悉其意义或隐含意义的事物进行比较或说明，以起到传达意义或者增强效果的目的”。隐喻是一种类比，即在不使用“像”和“如”等词语的情况下，通过关联、对比或比较相似之处的方式，来表达两个对象或两种事物之间的关联。通常来说，这种方式允许我们将其中一个对象的特质挪用到另一个对象上。

对于如何用积木作为隐喻的载体，图 2–5 进行了更详细的展示。图中展现的是一个研发团队的身份特点：骷髅代表他们愿意放弃想法；狗代表他们感觉自己在与其他部门的关系中处于劣势；左边走向悬崖的人仔代表他们冒险的意愿；前面的母牛代表他们取得成果的能力；而顶部的结构则代表他们所开发的产品的目标用户是孩子。每一块乐高积木、每一个积木的组合都有其特定的含义。

图 2–5　一个组织的身份

麻省理工学院教授唐纳德 · 舍恩（Donald A. Schon）① 在 1971 年出版的著作《超越稳定状态》（*Beyond the Stable State*）中指出，隐喻其实能够让人从全新的角度去理解事物。[3] 他曾观察到，当一组研究人员在尝试制作人造猪鬃画笔时，一名成员指出“画笔是一种泵”，从而使整个团队的思路有了突破。在舍恩看来，隐喻并不仅仅是“辞藻”而已，它能够在人类的认知中发挥具有建设性和创造性的积极作用。我们能够通过隐喻对现实进行更丰富的描述，从而推翻既有假设，揭示新的可能性。

---

① 美国当代教育家、哲学家，他在《组织学习（完整纪念版）》一书中深度揭示了学习的有效性及具体、实用的建议。这本书的中文简体字版已由湛庐策划，天津科学技术出版社 2021 年出版。——编者注

对于隐喻与学习之间的联系，人们已经进行了广泛的研究。隐喻能够使人以全新的方式去理解事物。[4] 一系列较为普遍的隐喻，决定了我们如何理解我们所属的组织。[5] 隐喻能够通过揭示我们潜意识中或者未曾言明的感知、态度和感觉，来改变我们的观点。

“乐高认真玩”套件

“我可以带一些积木回家给孩子们玩吗？他们可能会喜欢。”“我不知道乐高还有这种积木。”在“乐高认真玩”工作坊中，我们听到过参与者的各种评论，上述只是其中两条。

乐高集团从未为“乐高认真玩”产品生产过任何特殊的积木，并且可能永远也不会这么做。“乐高认真玩”套件只是普通乐高积木的特定组合。但是，与乐高玩具的普通套件和乐高教育公司的套件相比，“乐高认真玩”套件内的积木组合又有其特殊之处。前两者的拼搭方式都是非常固定的，参与者必须按照套件中的手册来搭建模型。“乐高认真玩”套件可以涉及所有种类的乐高积木，从得宝系列基础积木、得宝动物系列积木，到乐高技术系列中的齿轮等，但没有任何搭建手册。图 2–5 展示了一个多重隐喻交织的示例，积木的多样化，使人们能够在工作坊中表达出更丰富的意思。

参加“乐高认真玩”工作坊的人经常会问，与从未玩过乐高积木的人相比，那些拥有丰富的乐高拼搭经验和知识的人，是否更具优势？基于 10 年的从业经验，我们可以明确地回答：“绝非如此！”实际上，我们观察到，丰富的乐高拼搭经验和知识对于某些人来说，反而是个不利因素。为什么会这样呢？这是因为，尽管许多没有拼搭经验的人往往会担心，参与乐高工作法意味着需要搭建精致复杂的乐高模型，但是，一旦他们意识到该方法的重点并非在于模型本身，而是在于用模型表达的意义和故事时，他们便放下心来自由发挥，且往往能够搭建出更加直接、更能切中要害的作品。拼搭经验丰富的参与者反而难以做到这一点，因为他们常常会过于专注于积木本身而忘记其含义，并且，由于他们已经习惯使用乐高积木来搭建有形事物的模型，所以他们很难将 2×4 的红色积木砖视为“激情”或者“爱”。认为自己拥有创造力或建筑设计天赋的人，也经常会遇到类似问题。

乐高积木最显著的一个特点，在于我们可以轻易拆散它们、推倒重来，这丝毫不影响我们以全新的方式进行下一次搭建。因此，相较于其他手工材料而言，用乐高积木来创建或与其他人共同创建隐喻和故事往往更具优越性。

乐高工作法是开放式的，它存在于一个既能快速成型又能快速推倒重建的系统之中。如果你对自己拼搭的成果不满意，那只需拆散重新搭建即可。当然，你也可以使用黏土、扭扭棒、雪糕棒或者其他较为廉价的手工材料来拼搭，但它们在多样性、成型速度和重建速度方面，都无法与乐高积木相媲美。此外，无论你是否拥有乐高积木的拼搭经验，都没有关系，因为乐高积木具备对所有人来说都极易应用的特点，而这是其他手工材料所不具备的。当然，你还可以要求人们将隐喻和故事画下来。对于依然认为自己是艺术家的孩子们来说，这个要求或许并不困难。然而，由于成年人对事物应有的形态已经产生了认知固化，因此这个要求对他们来说可能会更加困难。他们会纠结于绘画的细节，如比例是否合理、画的大象看起来是否像大象等。而且，对大多数成年人来说，白纸一张并不能让人任意发挥，反而具有相当大的局限性。由于无从下手，故此也就很难全身心投入。我们不再认为自己是艺术家，因此我们很难对自己的作品感到满意，完成作品时的感觉完全无法企及我们在拼搭乐高积木时所获得的成就感。在大多数情况下，成年人最终还是会从画作上得出点感悟，因为他们认为自己有义务这样做。但是，每个人所获得的感悟大相径庭，因此相互沟通交流的价值也就变得极为有限。

若没有乐高积木，就不存在乐高工作法。然而，乐高积木只是使人们主动参与、解锁新知识以及破除惯性思维的手段，最终他们还是需要通过“认真玩”的方式来达到目的。在第 3 章，我们将给出“认真玩”的定义，并深入探讨作为成年人，我们为什么需要致力于“认真玩”、如何“认真玩”，以及“认真玩”将如何帮助我们打造更优质的企业。

第 3 章

什么是认真玩

乐高工作法领域的下一个重要板块，在于“玩”——不是任意方式的“玩”，而是“认真玩”。也就是说，这种玩法不仅有明确的目的，并且是以特定方式进行的。在本章，我们将解释这种玩法的具体含义，并举出相关示例，以此来阐明何谓“带有目的地玩”。此外，我们还将给出“认真玩”的定义。

首先，我们必须强调的一点是，“认真玩”是一种“带有明确目的的玩法”，而这个目的在于通过使参与者主动参与、解锁新知识并破除惯性思维，来解决实际问题。它绝非一种肤浅无聊的游戏，也并不是为了让你在工作间隙休息一下。它与很多重要的涉及许多学习过程的游戏有着微妙的不同。我们将在第 10 章深入探讨更多的游戏、不同类型的游戏及其分类方式。

何谓“玩”

我们应该澄清的是，在大多数情况下，“玩”都绝非肤浅无聊的。即便是我们年幼时玩的诸多游戏，也带有某种发展目的，只是这种目的通常没有得到明确说明罢了。

“玩”中包含的发展目的数不胜数，玩法的类别也同样如此。在此，我们不打算深入探讨这些内容。对于本书的主题而言，更有助益的是去理解约翰·赫伊津哈（Johan Huizinga）在其开创性著作《游戏的人》（*Homo Ludens*）中对“玩”所做的定义及其对儿童产生的影响。赫伊津哈在书中指出，一项有趣的活动应具备以下性质：

1. 能让玩家全身心参与其中。
2. 能够充分调动玩家的内在动机。
3. 包含不确定性或惊喜。
4. 涉及某些幻想或夸张成分。

他还指出：“‘玩’源自人类天生的模仿倾向，以释放累积的压力或锻炼重要的实用技能等。”[1] 在此，我们可以一个小孩玩乐高积木为例，来认识赫伊津哈对“玩”的定义：通常情况下，这个小孩能够全身心地投入拼搭过程，并发自内心地想要搭建出某种可能与其个人经历有关的事物的模型；不确定性可能在于，他能否完成搭建，或者以何种方式完成搭建；他搭建的作品往往会夸大事物原本的特质，并且由于作品代表的是一个虚构的世界，如他将自己假想成一位农民，因此拼搭过程也涉及幻想。[2]

美国国家游戏研究院（the National Institute for Play）位于加利福尼亚州的卡梅尔谷（Carmel Valley）。该研究院的创始人兼负责人斯图尔特·布朗（Stuart Brown）① 博

---

① 布朗所著《玩出好人生》一书的中文简体字版已由湛庐策划，中国人民大学出版社 2010 年出版。——编者注

士也指出了这一点：“玩是我们培养和提升新技能的自然方式，它使我们能够更好地应对突发情况、对意外和新的机遇持开放态度，使我们做好接受不确定性的准备。”[3]也就是说，玩是人类的自然反应，它不仅能够提升我们的适应能力，还能让我们变得更善于发现新的机遇——这正是我们希望在工作坊参与者身上看到的品质。

当然，玩的过程还涉及方方面面。虽然对孩子来说，玩是一种促进身心发展的重要活动，但孩子并非刻意选择通过玩的方式来提升自己的技能和能力素质，或使自己变得更善于解决所面临的挑战。他们只是为了获得乐趣而玩，喜欢玩是他们的天性。那么，对成年人来说是否也是如此呢？我们将在第 10 章再次对“玩”展开深入探讨，此处仅做概述，作为引入“认真玩”概念的铺垫。

“认真玩”的 3 个关键特征

从“带有目的地玩”出发，我们通过下列 3 个关键特征来进一步定义“认真玩”：

1. 有目的地聚集在一起发挥想象力；
2. 旨在探索和准备，而非执行；
3. 遵循一套特定规则或专用语言。

有目的地聚集在一起发挥想象力

参与者共同对会议进行策划，并在会议目标上达成共识，即他们同意将他们的想象力应用于实际问题，以寻求解决方案。这个实际问题可能是某个现有的问题，也可能是组织期望获得的新状态。因此，会议目标可能是缩小业绩差距，即提高执行力，使执行效果符合预期；也可能是缩小机会差距，即改变业务设计，使其能够带来令人满意的经营结果。

参与者认识到他们需要发挥自己的想象力。也就是说，他们需要在大脑中对尚未存在的事物形成意象，以此来探索尚未发生的事情。他们或是在探索一种可能的状态，或是以一种不同的角度来看待当前现实，并以不同的方式去理解其复杂性和不确定性。他们刻意这么做的目的，或在于挑战和改变既有观念，或为了达成新的共识。在方案开发中，我们常常能够清楚地看到这一特征。

旨在探索和准备，而非执行

在玩的过程中，参与者可以自由地对不同事物发挥想象。他们可以探索不同的途径，以尝试各种方法的有效性。参与者在工作坊中提出的许多想法将停留在概念阶段，只有少量想法会获得执行的机会。但是，最终能否执行并非工作坊的重点，工作坊的重点在于发挥想象、不断探索。

参与者“玩”的目的，在于共同学习、探索方案并达成新的共识。“认真玩”可能会带来新的愿景或新的商业模式。为了达成此目标，参与者需要探索多个版本的方案，最终，他们将在某个模型上达成共识。随后，团队以这个模型为导向来制定决策，此类决策包括合作对象的选择、如何进行投资，以及其他种种需要后续推进的细节。我们曾在第 1 章以互联网初创公司 Scurri 为例，实际上，该公司正是利用在“商业模式画布”工作坊中所达成的结果为导向，选择以新的客户群作为重点发展对象，并根据新客户群进一步确定了几家重要的合作伙伴。我们在第 1 章还提及，如今大多数组织都在复杂自适应系统中参与竞争，由于此类系统经常会出现突发状况，因此只有通过观察组织如何对突发状况做出反应，才能更好地理解系统。“认真玩”的过程恰恰能够帮助我们实现这一目标。通过“认真玩”，参与者能够对自己所处境况中的事件进行预演，以此来探究组织所处的复杂自适应系统，从而进一步了解它。

因此，对于参与者而言，“认真玩”具有双重价值，其一在于它能引导他们全身心投入该过程，其二在于它能使他们为达成更好的决策而做好充分准备。“认真玩”过程不仅能为参与者提供指导和方向，有时候还能为他们开辟新的探索途径。

我们可以在战争游戏中清楚地看到这一特征。游戏参与者当然没有直接参与战争，不论他们在游戏中是否选择发动战争，他们都没有实际发动战争。整个游戏的过程，都在使他们为达成更好的决策而做好准备，要求他们将目标和行动联系起来，并使他们学到了新的知识。与此类似，建筑师也并没有参与房屋的实际建造。他们所做的工作，包括探索房屋的外观、探索居住在房屋中的人是如何与房屋交互的，以及何种材料才是最优选的等。

我们还可以借用一个物理学隐喻来解释这个过程：“认真玩”的目的在于创造势能。当团队成员根据“认真玩”的结果进一步采取措施时，势能就转化成动能。当“认真玩”的目的得以实现时，它就会产生一种能够给个人、团队和组织带来重大影响的能量。这种潜在能量只有在“认真玩”的过程真实有效、氛围热烈，并且所探索的组织问题明确合理的情况下，才能产生。

因此，当确定目标之后，团队成员必须达成在时机成熟时做出决定的共识。这种目的性不仅使“认真玩”有别于儿童之间的玩耍性质，而且免去了“认真玩”可能存在的风险。正是由于这种目的性，“认真玩”才得以创造一段独立的时间和空间，使企业的员工得以在此质疑某些根深蒂固的观念以及惯用做法，而在别的场合下，他们可能没有机会或者勇气去这样做。故此，这种目的性同样是破除惯性思维的重要元素。

遵循一套特定规则或专用语言

参与者发挥各自的想象时，必须遵循一套特定规则或专用语言。这有助于参与者打破常规思维方式，使他们能够更加自由地发挥想象力，沉浸于探索各种可能性之中，而无须担心做决定。大多数人习惯于认为，在探索解决方案时，必须尽早尽快做出决定。我们需要一个相当强大的语言系统来打破这一成见，并帮助甚至迫使我们停留在持续探索、深入想象的阶段。这种语言系统将能创造出一个让人自由想象、大胆质疑的空间。

我们将在本章后面的“预算”示例中，阐明特定规则和专用语言的概念。同样，我们在制定策略或参与战争游戏时，也会遵循明确的规则和语言。例如，在战略讨论中，可能会包括诸如“蓝海”、“必胜战役”、“核心竞争力”和“竞争优势”之类的术语；涉及必胜战役时，可能又会包括“产生巨大影响”、“以市场为中心”、“能够鼓舞士气”、“目标具体而明确”和“必须是可以打赢的战役”等话术；而在深入讨论必胜战役之前，你还必须“认识你的启动条件”并“打开窗户”。此外，我们将在第 10 章详细讲述乐高工作法的特定规则。

我们在本节开头列出的 3 个特征，不仅将“认真玩”与工作区分开来，而且还将它与儿童的玩耍区分开来。不过，资深玩家无疑很快就能看出这 3 个特征是受罗杰·卡约瓦（Roger Caillois）的启发。[4] 在第 10 章，我们还将深入探讨“认真玩”与儿童玩耍的区别。

理解了上述关于“认真玩”的定义，我们就能清楚地认识到，乐高工作法并不是一种培训工具。团队成员聚集在一起，并不是为了让其中某个人将他已经掌握的知识传授给其他人。**对于参与者而言，乐高工作法是一种思考、沟通、解决实际问题的工具**。

有目的地玩。当成年人将玩视为解决某个具体问题的方式时，有目的地玩就很有必要了。如前所述，在开始玩之前，所有参与者应明确玩的目的并达成共识。

我们经常在组织中看到这种玩法，下文将给出一些相关示例。所有这些示例都具有“认真玩”的特征——并非“乐高认真玩”，而是将“认真玩”作为一种玩法。其中一些示例可能会让你感到惊讶。我们认为，这可能是因为一直以来，在人们的传统观念里，工作与玩互不相容，而“认真玩”恰恰颠覆了这个观念。

军队和战争游戏。世界上大多数军队在参战之前，不论是培养士兵还是制定战术战略，都会运用“玩”的要素。高级将领通常在几种不同的军事干预方案预演完成之后，才会做出最终的决策。有趣的是，商界常常套用作战指挥室中的常用术语，将其作为隐喻。“指挥室”成了高管团队或特别任务小组用来制定策略的地方，他们的目标是“征服新领域”“在市场中求生存”“取胜”等。也就是说，虽然在“指挥室”中开展的各种活动均以提升组织战斗力为目的，但此类活动并非实际行动。

建筑师。通常来说，建筑师会在设计建筑物模型时，进行构建、测试和“把玩”。

飞行员。很难想象，一名飞行员还未在飞行模拟器上积累足够经验，就登上飞机开始实际驾驶。飞行模拟器能够帮助飞行员以一种既有趣又带有目的性的方式，练习飞行技巧和决策技能。

策略制定。经典的鲁棒策略制定过程，同样展现了“有目的地玩”的诸多特征。在制定策略的过程中，参与者设想他们将有可能进入哪些市场；他们可能将以多少成本提供何种产品、服务或提出什么建议；竞争对手、客户和供应商各方将作何反应。严格来说，策略本身可能并不属于“玩”的一部分。我们大可以将其视为一种规则手册，其中囊括了参与者在制定策略的过程中所习得的各种知识和经验。这也正是公司和个人必须时刻保持灵活机动并愿意定期更改计划的原因。例如，如果竞争对手给出的反应与你料想的方式完全不同，那么，后续种种情况都将以不同的方式展开，这无疑意味着你的策略有着重大缺陷。正如美国前总统艾森豪威尔所说：“计划本身并不重要，重要的是计划过程。”

情景规划和开发。在情景开发中，参与者对未来可能出现的一系列情景加以描述，并以此来优化决策。描述时，参与者通常会遵守一组特定规则或流程，并使用一套独特的语言系统。虽然情景是想象力的产物，本身不具有任何价值，但它们能够帮助参与者累积制定策略时所需的知识和经验。情景同样能使参与者获得关于细微变化的深刻见解，若非如此，他们甚至可能根本无法观察到此类变化。

预算。很多人可能会认为制定预算是一项与“玩”无关的活动。但是，如果我们仔细观察，就会发现理想的预算过程中所涉及的活动，拥有与“有目的地玩”类似的特征，这些特征甚至与“认真玩”的 3 个关键特征都极为相似。制定预算的明确目的，在于设想能够生产和销售什么、在何处生产和销售，而非实际去落实生产、购买和销售等行为。在制定预算的过程中，参与者通常会设想组织将在给定的时间范围内生产何种商品或提供何种服务，以及需要何种投资。显然，这个过程符合“认真玩”的第一个和第二个关键特征。最后，参与者在制定预算时，必须遵循一套非常具体的会计语言系统，以及如何针对不同科目在不同时期进行汇总等规则。大多数管理者在其他场合下，通常不会使用这套语言系统和规则。这就意味着，制定预算活动还满足“认真玩”的第三个关键特征。

当然，制定预算并不总遵循“认真玩”的步骤，具体步骤由其具体目的，如争夺资源或获取成功等来决定。但是，就最纯粹的预算形式而言，它同样属于“认真玩”的一种。

相关资源

下列书籍均涉及一些展示了“认真玩”特征的活动过程。

策略制定：

- 《宝洁制胜战略》(*Playing to Win*)[①]，作者雷富礼 (A.G. Lafley) 和罗杰 · 马

① 这本书会帮助读者对企业战略选择有更新的认识。其中文简体字板已由湛庐策划，浙江人民出版社 2015 年出版。——编者注

丁（Roger L. Martin）。

- 《好战略，坏战略》（*Good Strategy/Bad Strategy*），作者理查德·鲁梅尔特（Richard Rumelt）。
- 《必胜战役》（*Must–Win Battles*），作者彼得·基灵（Peter Killing）。

情景规划和开发：

- 《第六感》（*The Sixth Sense*），作者凯斯·万·德·黑伊登（Kees Van Der Heijden）。
- 《情景规划》（*Scenarios*），作者黑伊登。
- 《情景规划改革》（*Transformative Sconario Planning*），作者亚当·卡亨（Adam Kahane）。

解决实际问题的需求、乐高积木和“认真玩”的概念，是乐高工作法的基本组成要素。接下来，我们将讨论该方法的具体操作。

第 4 章

乐高® 认真玩® 的方法

乐高工作法是一套有固定流程的系统性方法。它以乐高积木和“认真玩”的概念为主要手段，来达成我们在前面各章中所描述的种种目的。

如前所述，乐高工作法的开发，最初绝非是为了帮助团体和个人共同思考、沟通和解决问题，而仅仅是为了利用乐高积木和“认真玩”，使管理团队在战略制定过程中更具想象力。如今，我们将应对这一特殊挑战的解决方案，称为“‘乐高认真玩’企业实时战略应用”，即一种以“乐高认真玩”为方法所展开的特定的战略工作坊。

当我们深入讨论乐高工作法时，通常将其定义分为三部分：

1. 一套系统的团体互动准则。
2. 一套系统性地应用乐高积木的准则。
3. 一套系统性地使用“乐高认真玩”技术的方法，包括一个核心流程和 7 项应用技术。

这三部分相互联系、不可分割。若在实际应用中，只包含其中一部分而不包含其余两部分，那这样做既无法奏效，也不能归类为乐高工作法。

第一，乐高工作法的流程之所以需要遵循团体互动准则，是为了打破我们在第 1 章所提及的 20/80 会议模式。在这种会议模式中，20% 的与会者占用了 80% 的会议时间，来谈论他们所拥有的知识以及他们想要达成的目标。而乐高工作法的目的是打造所谓的 100/100 会议，其中所有参与者都必须发表自己的见解，这将极大地提高全员的信心，使他们能够发挥出自己最大的潜力。

在该方法的流程中需要遵循的团体互动准则有：

- 要求全员参与（100/100）。
- 要求全员参与“乐高认真玩”流程中的所有阶段。
- 以每个人都能理解的方式向全员介绍“乐高认真玩”的流程。
- 以引导师（而非顾问、培训导师、老师或者讲师）的身份，来引领全员。
- 确保整个会议进程做到 100% 民主。
- 在参与者开始发表自己的看法之前，给他们足够的时间去反思、梳理和总结各自的想法。

第二，系统性地应用乐高积木的目的，在于使参与者将焦点放在模型上，而非参与者个人身上。乐高积木系统性的应用准则包括：

- 乐高积木是用于解锁和创建新的知识，而非用于将某人的答案或知识传达给其他人的。

- 不存在所谓搭建乐高模型的正确方式。
- 每个人都拥有搭建乐高模型的义务，也有讲述相关故事的权利。
- 搭建者拥有乐高模型和它的故事。
- 所有人都必须接受他人在乐高模型中所建构的意义和故事。
- 就乐高模型及其故事发问，而非就搭建者发问。

第三，“乐高认真玩”技术包括一个 4 步核心流程（如图 4–1 所示）和 7 项明确的应用技术（如图 4–2 所示）。下面，让我们对这些内容分别展开详细讨论。

4 步核心流程

核心流程是乐高工作法中的基本操作系统。如果将乐高工作法视为一种语言工具，那么核心流程就是语法，它能够帮助参与者将他们所拥有的知识和他们并未认识到自己已经拥有的知识表达出来。在核心流程的第一步中所提出的问题，将决定第二步、第三步和第四步的具体内容。

第一步：提问
第二步：构建
第三步：分享
第四步：反思

图 4–1　乐高工作法 4 步核心流程

1. 搭建个人模型和故事
2. 搭建共享模型和故事
3. 构建全景图
4. 建立连接
5. 构建系统
6. 突发事件和决策演练
7. 提炼简单指导原则

图 4-2　乐高工作法 7 项应用技术

第二步构建指的是参与者进行搭建和思考的过程，在此步骤中，参与者需要以创建乐高模型和故事的方式，来回答第一步中提出的问题。值得注意的一点是，参与者动手搭建实物模型的过程，同样是他们在大脑中创建新想法、产生新连接的过程（详见第 6 章）。第三步分享是第二步的自然延伸，在此步骤中，每名参与者都必须分享自己的故事和模型，这种方式能够确保每个人的观点和见解都得以共享。第四步反思是整个核心流程的最后一步，即当参与者分享完自己的故事之后，引导师和其他参与者要对他们所听到的故事内容、他们在模型中看到但不理解的地方进行反思。反思的主要方式是针对模型的细节和不同元素代表的意义进行提问。

值得注意的一点是，乐高工作法中不存在提问的标准。引导师所提问题将完全取决于团队需要解决的问题。核心流程中的所有提问，都是围绕人们想要通过乐高工作法来探索何种主题或解决何种问题而量身定制的。4 步核心流程和 7 项应用技术都只具形式，不具内容。只有当会议拥有一个需要实现的理想目标时，该方法才有了实质性的内容。

结合前文所述的团体互动准则和乐高积木应用准则，上述核心流程的 4 个步骤将确保乐高工作法能够实现以下目标：

- 让每一个参与者都 100% 参与。
- 所有参与者在开口表达之前，都能有足够的时间思考。
- 让所有参与者聆听并能够欣赏其他参与者关于被讨论问题的独特见解。
- 能够让所有参与者都承担责任，参与每一次讨论和决策。
- 在参与者之间的交流上，要让所有人得以表达自己的想法和见解；帮助倾听者了解并记住发言者发表的内容；将误解和无效沟通的风险降至最低；为各种沟通方式（视觉、听觉和动觉）提供平等的支持；使参与者能够将关注的重点放在发言者提供的信息上，而非放在发言者身上。

认识到下述 4 个因素的重要性，使我们在乐高工作法的开发中取得了一次关键突破。实际上，我们发现，这 4 个因素对于参与者能否在整个工作坊期间取得理想成果，发挥着至关重要的作用，当他们第一次使用该方法时，尤为如此。

- 因素 1：每个参与者必须从跟大家一样的积木开始。
- 因素 2：所有参与者必须从构建自己的乐高模型和故事开始。

- 因素 3：参与者必须将乐高积木视为一种隐喻，而非借代。隐喻是一种修辞形式，通过类比所使用的对象（如本方法中的乐高模型）与目标对象之间在某种程度上的相似之处，来描述目标对象。有时候，两者之间甚至可能存在很大差异，例如，我们会用狐狸的形象来形容竞争对手，这是因为狐狸既狡猾又敏捷。借代同样是一种修辞形式，但如第 1 章所述，它仅仅是使用某种对象来代表目标对象。
- 因素 4：在工作坊开始后的前 45～60 分钟之内，引导师必须以实际动手的方式对核心流程进行完整介绍，介绍时保证步骤严谨，易懂易行，这一点是十分必要的。

虽然每场“乐高认真玩”工作坊都是围绕其特定干预目标而开展的，但总的来说，所有工作坊都要以上述 4 个关键因素为前提，并始终遵循着同样的结构、语法和流程。

7 项应用技术

在乐高工作法中，7 项应用技术中的每一项都有其具体的目的和功能。并且，它们取决于每场“乐高认真玩”工作坊的具体目标。

下面我们对这 7 项应用技术分别做一个简短的描述。

技术 1，搭建个人模型和故事

技术 1 的目的是让每个个人都能解锁新的知识，并将这些知识传达给团队中的

其他人。此处的目标在于，将仅存在于个体脑海中的知识分享出来，让团队中的所有人都能一窥究竟。

图 4–3 左侧的模型展示的是某人对于“信任”的理解，右侧的模型展示的是某人对于“企业身份”的认知。在他看来，该企业创造力十足、充满动力，但管理较为混乱；同时，该企业的运营由 4 名高管把控，其中两名高管占主导地位；外部框架代表着从外界看来，该企业具有文化丰富多彩、结构严谨有序等特点。

图 4–3　技术 1 实例：搭建个人模型并讲述故事，解锁新知识

技术 2，搭建共享模型和故事

技术 2 的目的在于将团队成员分别搭建的模型合并为一个共享模型，以此来使整个团队对于某个既定主题达成共识，并进一步做出共享决策。技术 2 必须以技术 1 为基础。在图 4–4 左侧的示例中，团队成员正在参与这一流程，右侧的示例显示了团队是如何围绕他们正在探索的主题，利用每个个体在技术 1 中分别搭建的模型，来解锁共享知识并搭建共享模型的，会议桌中间的模型即为共享模型。

图 4–4　技术 2 实例：搭建共享模型和故事，达成共享决策

技术 3，构建全景图

技术 3 的目的在于，在不丢失任何原始细节和含义的情况下，对团队成员们搭建的所有模型进行分析、分类，并观察模型之间的相似之处、区别以及它们所形成的模式等。图 4–5 展示了两组团队利用此技术构建知识组块的实例。

图 4–5　技术 3 实例：构建全景图，以分析已建模型并纵观全局

技术 4，建立连接

建立连接的目的在于，找出已建模型之间的联系，并用乐高积木将有联系的模型两两相连，从而形成所有模型之间的关系链（如图 4–6 所示）。在建立连接时，用于搭建连接之处的乐高积木材料，同样可被视为故事的一部分。如用链、绳或管等不同材料，来代表不同类别的连接。

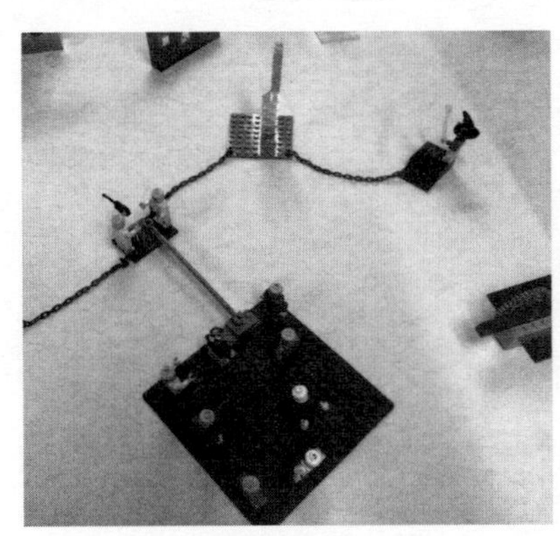

图 4–6　技术 4 实例：建立连接，识别已建模型之间的关系及其特征

技术 5，构建系统

构建系统指的是，参与者探索并识别模型之中存在的系统及其影响。技术 5 是在技术 4 建立连接之后的拓展。当我们在多个模型之间建立起密集的连接之后，一个微小的变化可能就会带来诸多连锁反应或难以预料的影响，故此，我们将其看作一个系统。如图 4–7 所示，构建系统意味着在关系链的基础上形成关系网。

图 4–7　技术 5 实例：构建系统，映射已建模型之间的复杂关系网

技术 6，突发事件和决策演练

技术 6 的目的是制定战略，即进行情景预演和决策预演，以此来探索当系统面对多个突发事件以及不同的战略选择时，将受何种影响、做出何种反应。在技术 6 中能否获得丰富完整的体验，取决于团队在技术 5 中所构建的系统。在图 4–8 中，一个团队正在使用他们在技术 6 中所开发的系统来预演紧急状况并试行各种决策。

图 4–8　技术 6 实例：突发事件和决策演练，
观察系统的反应，并探索各种决策的影响

技术 7，提炼简单指导原则

最后，技术 7 的目的是总结和提炼出简单指导原则。简单指导原则是通过在之前的步骤（尤其是技术 6）中不断学习、不断收集信息而得来的，其功能在于支持实时战略决策的制定。这些原则是团队在应用技术的前六个步骤中对系统进行各种预演和试行的结果。

值得注意的一点是，我们无须按顺序来使用上述 7 项应用技术。也就是说，从技术 1 到技术 7 并非一个线性过程。虽然必须从技术 1 开始，但是技术 1 结束之后，团队既可以继续进行技术 2，也可以直接跳到技术 3 或技术 4。为了保证在技术 6 和技术 7 中获得完整体验，从技术 1 到技术 5 所有步骤都是必不可少的。

通常来说，虽然随着步骤的不断深入，应用技术的复杂性会不断提高，但个体在每个步骤中所创造的价值也会随之增加。

引导师误区

在乐高工作法中，需要有引导师来引导整个流程，以确保参与者保持认真的态度，不出现任何风险，整个流程能够不断取得进展。通常来说，搭建乐高模型并利用模型讲故事总是很有趣的，但是，对于实现特定的企业、团队或个人的发展目标而言，训练有素且技能娴熟的引导师能够发挥至关重要的作用。在为最终用户提供设计和引导服务之前，引导师需要接受全面培训。

引导师的职责是引导整个流程，并在流程中遵守上述团体互动准则，落实参与者对乐高积木的应用，以及对核心流程和应用技术的运用。引导师必须按照培训期间习得的规范进行操作。对于工作坊中大家试图解决的复杂问题而言，引导师所发挥的作用并不是向参与者提供解答或传授相关知识，而是协助参与者在他们自己的系统中找到解决方案。引导师在接受培训后，将核心流程和 7 项应用技术合理运用到实际工作坊中，并通过制定工作坊的框架、提出针对性较强的问题等方式，来帮助参与者找到解决方案。

我们参与乐高工作法的开发已经有 20 多年了，在这 20 多年中，我们见过许多杰出的引导师。当然，我们也见过一些表现平平的引导师。从他们身上，我们总结出了一些引导师误区，并发现有 5 个误区最为常见。

误区 1：引导师成为顾问

当引导师开始下结论、提供建议、掌控会议全局时，就表明他已踏入误区。一旦如此，团队成员马上就会变得心不在焉起来。

误区 2：在参与者尚未熟悉流程时，引导师忘记引导

对于商界的大多数人而言，乐高工作法所带来的是一种非常反常规、反直觉和极具创新性的体验。这就要求引导师在设定框架和目标时要格外小心，否则整场工作坊就变成了以乐高积木为中心。还有一种情况也容易使引导师陷入该误区，即在工作坊开始时，引导师没有使用所谓的“技能建立”（skill building，详见第 8 章）来帮助参与者熟悉该方法、乐高积木和隐喻的具体应用。

误区 3：引导师过早“救场”

乐高工作法旨在让人们走出舒适区。有时（甚至从工作坊刚开始），参与者会感到沮丧，他们会去寻找一个能够为他们所遇挑战提供指导和答案的人。不过，这些令人感到沮丧难熬的阶段，正是能够激发参与者最大学习潜力的阶段。如果引导师想

要以把控会议的方式来肩负起寻找答案的责任，过早赶来“救场”，那这绝非一个好主意。

举例来说，上述情况可能发生在技术 3 中，参与者要根据已建模型来创造共享领域。在这个阶段，参与者通常需要绞尽脑汁地思考，才能以一种融会贯通的叙述方式，将已建模型连接到一起。这时候，若引导师心明眼亮，很快就发现了能够将模型联系起来的叙述方式，他可能就会想去“救场”。

这是一个极易踏入的误区，引导师应尽力避免。在很多情况下，领导者也同样要避免该误区，当然，此类情况不在本书的讨论之列，我们就不在此赘述了。一旦引导师踏入这个误区，参与者通常会感到压力骤减，但与此同时，他们所能创造的见解也随之减少，并且对工作坊将取得何种成果也兴致寥寥。

误区 4：引导师放任故事脱离乐高模型

这个误区指的是参与者的发言逐渐脱离他们所搭建的乐高模型，而引导师并未加以阻止。通常会出现两种情况，一种是参与者所讲的故事过于冗长，另一种是参与者在分享完乐高模型所展示的故事之后仍在继续发言。此时，我们通常会看到，这些参与者开始直起身子，然后靠向椅背，目光也开始涣散起来。这意味着他们或将进行常规讨论，或是对所讨论的项目早已烂熟于心。很快，其他参与者也会采取类似的姿势和态度，失去继续关注会议内容的耐心。参与者真正感兴趣的是新的见解，他们想要听到关于乐高模型的故事，而非其他故事，因此，引导师需要确保参与者的故事始终围绕着乐高模型。

误区 5：引导师没有备选方案

如前所述，乐高工作法是一种以参与者为导向的民主化方法，用于处理与工作坊中每名参与者都息息相关的实际问题。当人们有机会深入思考、自由交流、表达见解时，这无疑能够给他们带来巨大的动力。然而，当你将如此巨大的动力挖掘出来时，结果可能会完全出乎你的预料。谁也无法预料一轮搭建下来，将会出现何种结果，会给个人或者团队带来何种启示。或许，搭建过程中会出现令人惊讶的新见解；或许，参与者所搭建的共享模型使他们认识到，团队成员对于同一事物居然持两种截然不同的理解；也或许，在讲述一轮故事之后，全体成员都认识到他们应将工作重心从客户身上转移到提升组织能力上。

因此，乐高工作法不仅要求引导师事先制定一个周详的流程方案，而且要求他能够随机应变，在短时间内对原方案做出必要的调整和修改。如果流程中某个阶段所花时间比预期的要长，那么引导师至少要知道接下来哪些步骤可以直接跳过去。当然，如果他能够事先拥有一套完整的备选方案自然更好。完整的备选方案将以备选路线图的形式来设计，即一旦发生了某种预料之内的变化，引导师便将按照备选方案行事。如果工作坊中突然出现了意想不到的变化，完全改变了讨论方向，那么引导师还必须能够在短时间内制定另外一套备选方案。

乐高工作法的应用

通常来说，领导者和团队试图利用乐高工作法来解决的复杂问题，大都属于图 4–9 所示的三个领域之一。

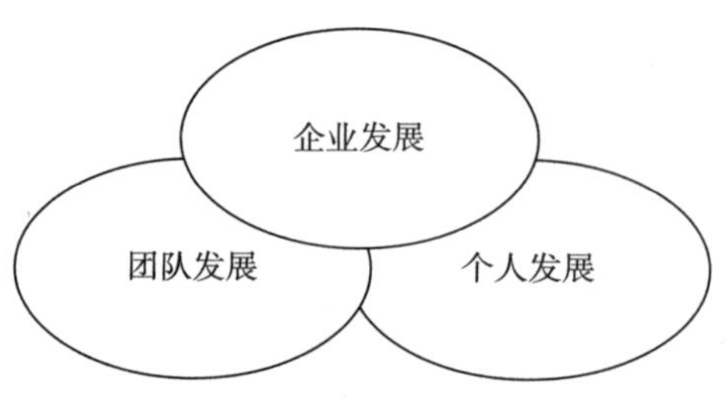

图 4–9　企业发展、团队发展和个人发展

企业发展涵盖战略发展、业务发展、组织发展、创新开发、产品开发以及学习和教育等广泛领域。简而言之，它包括任何不以团队发展或个人发展为目的的复杂问题。如图 4–9 所示，三个椭圆的重叠表明，每当组织在利用乐高工作法解决企业层面的问题时，团队和个人也会相应地取得一定程度的发展。

我们刻意选择了“发展”一词来描述这三个领域。前文中已经描述过我们想要利用乐高工作法解决的三个核心问题，在此我们用图 4–10 来回顾一遍。

图 4–10　应用乐高工作法的主要目的

这三个目的的共同点在于，我们需要利用想象力去构思、去设想，然后再从当前状态迈向一个新状态。其中可能涉及制定新的战略、开发新的商业模式、接受新的企业价值观、制定新的企业愿景、打造更高效的团队，以及接纳更具创新性的企业文化等。我们将这段旅程称为从当前状态 A 迈向目标状态 B。

我们在前文中提到过，对于能够勇敢尝试新方法的组织或团队领导者而言，在面对极具复杂性的挑战时，乐高工作法将能为他们提供很大帮助。此处的“复杂性”意味着此类挑战不仅涉及多个利益相关者，而且存在于一个动态的环境之中，同时还具有一定程度的不可预测性。在这种情况下，想要从当前状态 A 以直线方式迈向目标状态 B（如图 4–11 中第一种路径所示），是根本不可能的。例如，当某个部门想要将当前的价值主张转变为新的价值主张时，就会受到一些利益相关者的想法和计划的影响。

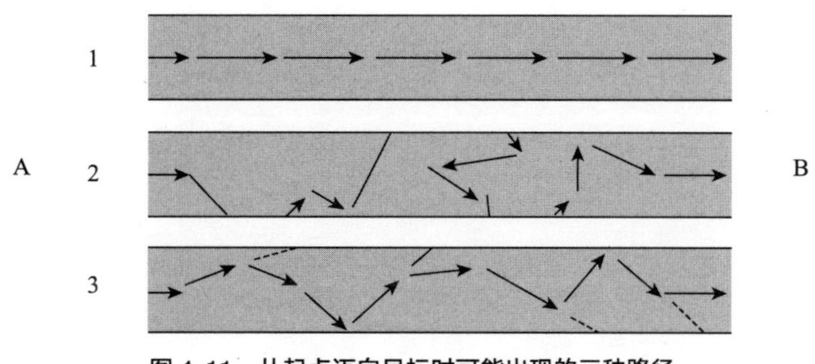

图 4–11　从起点迈向目标时可能出现的三种路径

一些勇敢的领导者在尝试乐高工作法之前，或许已经尝试过以直线方式迈向目标（第一种路径）有多困难。他们曾认为只要制定从 A 到 B 的详尽计划，就能够解决面临的问题。然而实际上，这种思维方式只会让解决问题的过程更加困难重重。通常在实际情况中，可能由于团队未曾对系统进行过任何测试，而系统又以一种完全出乎意料的方式做出了非线性的反应，所以他们根本无法到达 B（如图 4–11 中第二种路径所示）。如果在之前的计划中，某个利益相关者的需求未曾受到足够重视，那同样会导致这一结果。

相比之下，我们见证了乐高工作法是如何以第三种路径来处理复杂问题的。采用该方法的领导者已然认识到，从 A 迈向 B 是一个曲折的过程，想要成功抵达 B，就必须使所有成员都参与进来，解锁隐性知识和新知识，并破除惯性思维。

在本书的后续章节中，我们将带你了解在一些实际案例中，乐高工作法是如何应用于企业发展、团队发展或个人发展的。但是在此之前，我们还需探讨关于乐高工作法的规范，以及该方法背后的一些科学理论。

第 5 章

乐高工作法剖析

当看到一架波音 747 飞机在跑道上加速、起飞时，我们很可能会感到惊奇：如此庞然大物，是如何做到腾空而起的？即便我们确信飞机绝对会起飞，甚至可能了解其背后的物理学原理，但多年来，每每看到飞机起飞的情景，我们依然不免为之感到震撼。我们知道一个简单的事实，即机翼上方气流和下方气流的速度是不同的，由此所产生的压力差足以将 400 多吨的重物轻而易举地托到空中。然而，每当我们看到飞机腾空而起时，仍会觉得不可思议。尽管如此，但我们之中大多数人仍会坚信这一物理定律，坚信飞行员的飞行技能，并坚信他们一定能够以最快的方式将乘客从 A 处安全地送至 B 处。

上述体验与使用乐高工作法时的体验有诸多相似之处。在乐高工作法中，我们不仅需要花时间去搭建乐高模型、倾听所有参与者的见解，同时，工作坊所讨论的主题也极具复杂性和多面性。但是，相较于我们使用了数十年的传统会议形式而言，这种方法却能够使我们以更快速、更可靠的方式从当前状态 A 抵达目标状态 B。这似乎有悖于直觉，然而，一旦你深入了解了该方法，就会认识到它简单无比。

我们在乘坐飞机前往某地时，也许并不会在飞行途中不断思考飞机飞行的物理学原理。同样，沉浸在“乐高认真玩”流程中的参与者，也不会时刻关注该方法所涉及的科学原理，而是根据自己以往的经验，坚信这一流程将能满足他们的需求，并使他们抵达目标状态。

我们之所以用飞行来类比乐高工作法，除了上述原因，还有以下几点因素：

1. 实际上，从 A 处飞往 B 处是一个非常复杂的过程。
2. 飞行员必须拥有熟练的飞行技术，才能驾驶飞机从 A 处安全地飞往 B 处，这意味着在此之前他必须接受大量的知识和技能培训。
3. 形似飞机，并不意味着一定能飞。

接下来，我们不妨将上述三点套用到乐高工作法上。

乍看上去，乐高工作法似乎并不难，然而想要使它在实际操作中发挥效果，却相当复杂。虽然我们可以将它视为一种简单的语言，但它却是一种仅有语法的语言，需要参与者在使用过程中不断赋予它具体的意义。引导师掌握着驾驭这门语言所需的技术，通过引导参与者赋予这门语言以丰富的意义，从而带领他们抵达目标状态。引导和设计，确保了该方法能够发挥其应有的价值。就像飞行员驾驶飞机之前需要接受培训一样，引导师如果不接受培训，就想熟练掌握在乐高工作法中引导和设计工作坊的技能，是绝对不可能的。鉴于这个原因，在过去 10 多年来，为乐高工作法所开设的引导师培训计划历经了多次迭代。目前，引导师培训计划是一次为期 4 天的强化培训，其中囊括了动手操作、理论和实践等内容。

由于所有“乐高认真玩”工作坊都是根据客户或参与者的特定需求而量身定制的，因此引导师只有通过设计工作坊，才能累积实践经验。如前文所述，“乐高认真玩”是一种不具内容的方法、技术和语言。这也正是成为“乐高认真玩”引导师和成为飞行员的不同之处：前者不仅需要将参与者从 A 处“载往”B 处，还要利用“乐高认真玩”领域中的关键元素，来设计和搭建参与者需要乘坐的“飞机”。

至于第三点“形似飞机，并不意味着一定能飞”，指的是在商业领域中，除了乐高工作法之外，还有诸多其他利用乐高积木的方式。自从乐高积木普及以来，具有创新精神的顾问就已经开发出许多有趣的应用方式，如用于团建活动和破冰活动。

但是，使用乐高积木的流程必须符合我们在本书第一部分列出的标准，才属于乐高工作法。在这个过程中，许多标准难以衡量，并且包含信念、价值观和行为等因素。我们将在第二部分关于乐高工作法的规范中，详细探讨此类信念、价值观和行为。乐高工作法的经验、科学理论、形式和实践，一直都在随着时间的推移而不断演变，而其规范则是对上述种种的总结。因此，它不仅是该方法的灵魂，也是该流程之所以如此强大有力的原因。遵守规范是工作坊取得成功的关键，因为正是这套规范，将乐高工作法中的各个方面联系到了一起，所有技能娴熟的引导师也都深谙此道。如果某位引导师认为一场工作坊未能取得理想效果，那么十有八九是因为规范在工作坊中没有得到遵守。

词典将“规范”定义为：“由社会习俗或权威规定的形式和做法。”乐高工作法的规范略有不同，它是对随时间推移而不断演变的经验、科学理论、形式和实践的总结。乐高工作法的规范分为三个主要部分：

1. 信念：参与“乐高认真玩”流程的价值观。

2. 流程：引导师的行为。

3. 团体动力：团队在引导师的引导下所产生的行为表现。

后续的主题似乎是在探讨一些行为上的细微差别，但此类主题仅仅旨在强调持续参与“认真玩”的角色之间有何种自然关系。我们将从信念开始，然后探讨流程，最后再探讨团体动力。

谁负责确保参与者遵守乐高工作法的规范？

乐高工作法适用于团队和小组。在运用该方法时，需要一名已获认证的引导师或者流程负责人，他们的职责在于使整个流程符合乐高工作法规范中所列出的种种要求。

当你的角色是引导师时，对于团队而言，你并不属于该流程的一部分。你可以在技术层面上适当协助，例如，帮助参与者将乐高积木以他们想要的方式拼搭在一起。但与参与者不同，你并不参与模型搭建、意义赋予和故事讲述。

如果团队已经十分熟悉该方法，而你的角色是流程负责人时，那么对于团队而言，你同样属于该流程的一部分。你要和其他参与者以同等程度参与到流程之中，参与模型搭建、意义赋予和故事讲述。

流程负责人的角色与引导师的角色有着很大区别。作为流程负责人，你属于系统的一员，你肩负着寻找答案的义务；而作为引导师，你需要做的是帮助系统揭示其中蕴藏的答案，但你没有给出答案的义务，因为你并不是系统的一员。

信念

答案蕴藏在系统之中。既然系统中出现了复杂问题，那么在该系统中找到答案也是毋庸置疑的。“乐高认真玩”流程能够帮助系统中的成员解锁他们的知识，通过扩展系统的方式，在新的知识层面上构建答案。

任何人都可以使用乐高工作法。乐高积木拼搭专家在该方法中并不存在任何优势。在尝试解决复杂问题之前，所有人都有机会去学习并掌握拼搭技巧。我们从未在参与者面前指明谁是乐高工作法专家。

乐高工作法的重点并非参与者所搭建的乐高模型，即不在于以具象的手段去展示某一事物的外观，而在于利用模型所讲述的故事，在于解锁知识和构建新的知识。

同时，乐高工作法的目的并不是传达某人已经掌握的答案或者知识，让参与者对某一决定达成共识，而是要去创造新的知识，揭示和厘清大家的见解，并以此解决问题。

流程

在工作坊中使用乐高工作法，意味着参与者需要利用乐高积木搭建模型，并通过模型来分享故事。整个流程始终遵循从个人构建迈向集体共享的顺序，而此流程的强大力量也正是蕴含在此顺序之中。

不要跳过搭建环节。如果跳过搭建环节，直接进行讨论，那么整个方法的有效性就会大打折扣。跳过搭建模型的环节，意味着跳过了对新知识的构建，这将导致参与者重新回去探讨团队成员容易接受的已有观点或事实。如果只搭建了模型，而没有通过模型讲故事，那么该模型构建的意义将只能存在于搭建者的思维之中，只能处于隐性状态，无法为他人所知晓或共享。

乐高工作法始终以搭建个人模型为起点。只有这样，才能确保参与者能分享他们各自的新知识，确保他们一直保持高度参与状态。

乐高工作法至少需要两名参与者。乐高工作法是一个应用于会议的流程。因此，当会议只有两名参与者，并且其中一名扮演着流程负责人的角色时，在构建模型、赋予意义、讲述故事等环节中，需要确保双方处于平等地位。

设定该方法的框架，使之清晰明确。引导师要确保参与者理解他们为何要针对会议主题或问题去构建模型和故事，并确保他们认识到他们接下来将要使用各自搭建的模型来讲故事。同时，让框架保持高度的开放性，从而使每名参与者都能针对给定的问题解锁各自的知识、构建各自的意义。在动手搭建之前，引导师或流程负责人要事先向参与者说明规定时间，并告知他们在构建过程中需要遵守的其他原则。

信任流程、回归模型。如果会议气氛过于热烈，导致各方意见出现分歧或在沟通上出现误解，那引导师切勿让意见相左的参与者展开面对面的讨论，此时引导师需要将问题和讨论的重点从参与者身上转移出去，重新回归到模型上。这种方法十分有效！

团体动力

乐高工作法的目的是打造100/100会议，即每名参与者都必须分享自己的见解，这也将最大限度地提升他们的信心，挖掘他们的潜力。接下来，我们详细探讨一下乐高工作法的规范将如何确保达成该目的。

全程全员参与。工作坊中不允许诸如“我想不出要搭建什么模型”“我没有要讲的故事”“这一轮我就不参加了”等此类言论的存在。如果发生这种情况，则意味着某名参与者正试图置身事外。他将使其他参与者无法全神贯注地参与到流程中来，这就好比在比赛时让一名球员坐在篮球场中央。工作坊刚开始时往往能够自然地吸引人们参与进来，然而一旦某名参与者突然转变成观察者，他就如同立于一个无须承担任何风险的不败之地，而作为他的对立面，其他参与者所承担的风险也将变得更高。这无疑将使参与者之间出现权力博弈。

当你觉得无从下手时，无须思考，马上动手搭建。研究表明，想法不仅仅来源于思考，动手本身也能够激发想法。因此，如果参与者无从下手，那引导师不妨鼓励他们直接开始搭建，搭建什么都可以。直接下手，屡试不爽。无须事先计划好接下来要搭建的模型。

没有错误的搭建方法。在流程中，没有任何关于搭建何种内容的模型以及如何搭建的具体说明。因为乐高工作法并不是要你去搭建别人的故事模型，而是让你赋予你内心的想法和观点以具象的形式。

如果你实在无法搭建，那不妨先用言语表述出来。有时候，当你想法如泉涌时，纵然你想要搭建一个能够以隐喻的方式来展现你想法的完整模型，但是你的动手速度却完全赶不上你的思维速度！此时，你不妨保持热情，用富有表现力的双手继续搭建模型，同时用言语赋予模型中存在的内容以含义。任何积木块都可以被赋予特定的含义。

模型的含义由你说了算。积木本身（包括人仔、木桶、轮子等）既没有任何特殊的内在含义，也没有任何预定的标志性价值。搭建者说这些积木代表什么，它们就代表什么！其他参与者可以要求搭建者对其含义做出解释，但不可以批评搭建者对隐喻的选择。

要求我搭建模型，就必须听我讲故事。换言之，每个完成搭建的参与者都必须有机会利用其模型来讲述故事，并与其他人分享模型的意义。如果无法分享模型所蕴含的故事，那么这对其他人而言就变得毫无意义，同时还会打消搭建者的积极性。

要求我讲故事，就必须接受我的故事。每个参与者都必须认真倾听他人的故事，并接受他人的故事。虽然你可能并不喜欢甚至并不认同这些故事，但请坚信它们依然能够给你带来极有价值的见解。并且，对于其他方式而言，讲故事绝对是一种威胁性最小、建设性最大的方式。

针对模型和故事而不是针对人来提问题。提问题时，始终以获取更多细节、更清晰的意义为目的，这对搭建者和倾听者双方均有益处。但请切记，应围绕模型以及模型与故事之间的关系来提问，而非针对搭建者及其意图和目的来提问。质疑成员的个人动机将会打击他们的自信心，破坏团队的凝聚力。针对模型提问题，能够使我们化解潜在冲突，使整场讨论以“对事不对人”的方式开展。提出问题意味着创造新的知识，因为我们正是通过对模型赋予新的含义，来在大脑中构建新的连接。

模型的故事或意义归搭建者所有。你所搭建的模型归你所有，并受到其他人的尊重。除非事先征得你的同意，否则其他人无权修改你的模型或故事。同样，未经他人允许，你也无权修改他人所构建的模型或故事。

不要中断流程。即便流程中出现的各种见解和问题会以书面形式被记录下来，供后续讨论，但是参与者仍可能想要立刻中断流程，针对各种观点中所涉及的问题展开深入讨论。通常，除非工作坊确定以这种方式开展，否则请不要中断“乐高认真玩”流程。

攻克难关带来的快感才会令人印象深刻。在“乐高认真玩”工作坊中，你将会挑战能力的极限，但这些挑战绝不会超出你的能力范围。你需要攻克种种难关，这会使你情绪高涨，当然有时候也难免会使你产生筋疲力尽之感。

在第一部分中，我们重点介绍了乐高工作法领域中的主要概念。在第二部分中，我们将深入探讨该方法在形成和进一步发展中所涉及的种种理论。

BUILDING A BETTER BUSINESS USING THE LEGO® SERIOUS PLAY® METHOD

第二部分

乐高工作法的理论基石

导读

乐高工作法在形成和发展的过程中，涉及诸多与学习、心理学以及其他邻近领域相关的科学理论。通过对这些领域的学习，我们获得了更深刻的理解，从而能够进一步改进该方法，并更清楚地理解了该方法之所以奏效的原因。接下来，我们将在本书第二部分对这些理论做详细介绍。

乐高工作法之所以奏效，是因为参与者在流程中不断学习的结果。本书多次探讨到学习。简而言之，在我们看来，学习意味着将某种体验融会贯通，并内化到自己对世界的认知体系之中。融会贯通是一种极具创造性的行为，人们必须亲自去理解，无人能代劳。

例如，当你在阅读第 8 章关于心流的知识时，你将获得一种在新旧知识之间建立联系的学习体验。然而，我们并不知道你已经拥有哪些知识，因此我们无法代劳，你是建立此类联系的唯一人选。

在进一步深入探讨相关理论之前，我们还必须强调一点，即乐高工作法并非基于任何新的或具有开创性的科学理论。如前文所述，该方法是以行动研究、各学科已经证实的理论和研究为基础的，其中一些理论已经在乐高集团内部形成了固定的体系，还有一些理论则不断出现在乐高工作法的发展和应用之中。在接下来的几章，我们将对这些理论做详细介绍。随后，我们将展示这些理论是如何应用到乐高工作法之中，又是如何为参与者带来价值的。

为了使这些理论的应用更加通俗易懂，我们在书中设置了一些动手练习。因此，在阅读本书的这部分内容时，如果你能亲自动手搭建，那你将获得更多理解。你不妨现在就去找一些乐高积木来。

第 6 章

构建知识，用手助大脑一臂之力

没有乐高积木，就不存在“乐高认真玩”的方法。乐高积木之于“乐高认真玩”的流程，就好比阳光之于太阳能电池。如果没有阳光，就无法产生太阳能。然而，对于许多未曾体验过该方法的人来说，其流程十分令人费解。他们会想，为什么在应对复杂问题或挑战时，用乐高积木来搭建模型并讲述故事的方法，会比用团队讨论等传统方法更为有效。

儿童更乐于通过具体的动手实践来了解世界，实际上，这种方式对于成年人也同样更为有效。不过，大部分成年人对这种观点既难以理解也难以接受，在他们看来，“相较于抽象思维以及以语言和图表等形式所展开的沟通而言，动手学习的方式会更加有效”这种观点简直令人难以置信。

本章将围绕乐高积木的应用，逐一探讨与之密切相关的三个主题中所涵盖的理论：

1. 在现实世界中构建事物来构建知识。

2. 具体思维与抽象思维。

3. 手脑并用，以手启脑。

在现实世界中构建事物来构建知识

简而言之，我们通过构建事物来构建知识！

动手尝试：请想一想，你工作中的哪个方面最能激发你的热情？哪些活动、哪些事或者哪些人最能够使你充满干劲？在思考这些问题的同时，请用一堆乐高积木来搭建一个模型，将这些使你充满干劲的方方面面以可视化的方式表达出来。如此一来，即便是面对一个 9 岁的孩子，你也可以毫不费力地解释清楚在工作中有哪些令你充满干劲的人和事。图 6–1 是一个很好的示例。

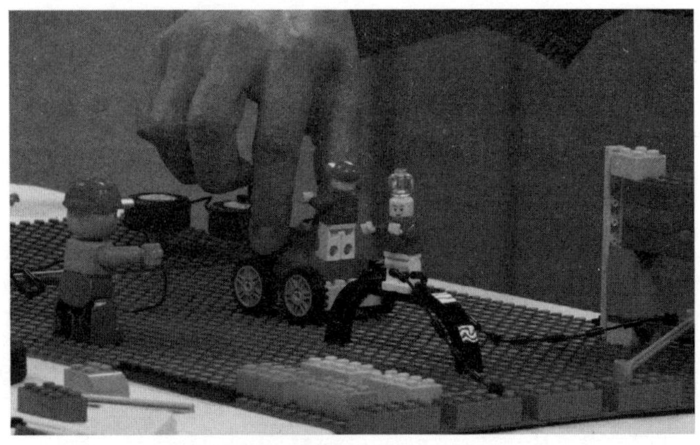

图 6–1　直接动手搭建，让手“带领”大脑

在开始搭建之前，无须事先制订计划。你只需把积木拼搭在一起，或多或少形成某种结构，同时思考一下你想让这个9岁的孩子理解什么。你有四五分钟的搭建时间。“让你的手做主”。

现在，你已经完成了“乐高认真玩”核心流程中的前两步。我们已经向你提出了一个问题（第一步），并且你已经搭建了一个具有意义的乐高模型（第二步）。现在进行到第三步——分享故事。你可以通过以下两种方式来完成这一步：与他人分享，如与一个9岁的孩子或者你的配偶或同事等分享；与你自己分享。如果你选择与自己分享，那么请记下故事的要点，或者用智能手机将故事录下来，以供后续回顾或以后再分享给其他人。

下面，让我们继续进行“乐高认真玩”核心流程的第四步：反思。现在，轮到你来提供以下信息：

我的工作是 ________；
我最喜欢的方面是 ________；
这方面让我充满干劲的原因是 ________。

实际上，你是在通过具体的动手实践来体验“建构主义”（constructivism）和“构建知识”（constructionism）。整个拼搭过程帮助并迫使你不断收集与该主题相关的想法。其中，有些想法从一开始就很清楚，而另一些则较为隐晦，只有在搭建模型或者分享故事的过程中才能浮现出来。总体而言，整个过程使你能够厘清并总结你的观点，并能将这些观点流畅地分享给自己或他人。也就是说，你已经通过构建事物的方式构建了知识。

皮亚杰的建构主义

我们不妨深入了解一下著名发展心理学家让·皮亚杰（Jean Piaget）的建构主义理论，该理论能够使我们更好地理解何谓“通过构建事物来构建知识”。

皮亚杰是“建构主义之父”，但他最广为人知的理论或许是儿童发展阶段理论。该理论以他的另一个理论，即儿童并非以简单的方式一点一点地接受知识为基础。他们会利用自己的实际经验来构建极具连贯性并且强劲有力的“知识结构”框架。他们是经验和信息的被动吸收者，更是积极的理论构建者。

皮亚杰曾做过一项著名的实验，并从中发现，低龄儿童会认为将同一杯水从粗矮的杯子倒入细高的杯子时，水量会发生变化。这些儿童构建了一种理论，即“更高意味着更多”，事实上，该理论在大多数情况下都是成立的。毫无疑问，他们是通过积累的诸多相关经验（如儿童之间背对背比身高、搭建积木塔、往杯子里倒牛奶等）来构建该理论的，并将其发展成了一个牢固的知识结构。如果你坚持称水量并未改变，那无法说服这些儿童，即你不能只是简单地告诉他们正确答案，因为他们根本不会相信你。他们必须重新根据自己的经验，构建一个新的理论，即“更粗也可能意味着更多”，并以此为基础再去构建一个新的、更加复杂的知识结构，如此才能让自己理解，为什么当水从一个杯子倒入另一个杯子时，水量不会发生改变。

因此，建构主义认为，儿童并不是被动接受知识的空容器。相反，他们是理论的构建者，他们会根据自己已有的知识和经验来构建和梳理新的知识。实际上，对于所有学习新事物的人而言，皆是如此。

派珀特的构建知识

现在，不妨让我们再来探讨一下西蒙·派珀特（Seymour Papert）[①] 所提出的相关理论。20 世纪 50 年代末和 60 年代初，派珀特曾与皮亚杰共事。他认可皮亚杰的建构主义理论，但他想将这个理论扩展到学习和教育领域。

派珀特曾试图创造一种能更有效地将皮亚杰的理论运用到实践中的学习环境。他认为传统的学校环境缺乏新意、过于被动，且大都以讲授式教学为主。他相信儿童都是积极的构建者，然而传统学校却无法向他们提供或者营造能让他们自由构建的环境。

派珀特最终将他的理论称为“Constructivnsm”。该理论涵盖了与皮亚杰的构建主义相关的所有内容，并有所超越。该理论认为，如果我们相信我们是基于与世界的互动来将所获得的知识打造成一种结构体系的，那么我们在实际构建某种事物时，将能更快速、更深刻地创造与之相关的知识，不论是一座沙堡、一台机器、一个计算机程序还是一本书。简而言之，就是“当你的双手在构建实物时，你的思维体系同样在构建知识”。

由于派珀特的构建知识理论是以皮亚杰的建构主义为基础的，因此实际上，该理论涵盖了两种相互促进、相互增强的构建类型。当人们动手构建实物时，他们同时会在思维中构建相应的理论体系和知识结构，而由此获得的新知识又使他们能够动手构建更加复杂的实物，从而产生更多的知识。如此反复，就形成了一个自我强化的循环。这一理论无疑与乐高工作法的核心理念相吻合，即当我们积极构建某种实物时，我们

① 派珀特是近代人工智能领域的先驱者之一，著名的教育信息化奠基人。他是皮亚杰的学生，在皮亚杰的建构主义基础上提出了新的构建知识理论。——编者注

往往能够学得更快更好。

20 世纪 60 年代末，派珀特曾观察到，一群学生在几星期的时间里以积极的态度沉浸在美术课的肥皂雕塑创作中，这使他开始思考建构主义。在观察过程中，无论是学生的参与度、雕塑作品中所体现的创造力和独创性、学生之间的互动和协作程度、整个雕塑项目的持续时间，还是在创作过程中学生所体验到的快乐和愉悦，都令他印象深刻。

作为一名接受过长期训练的数学家，派珀特不禁想知道，为什么大部分数学课与这些美术课有着如此大的区别。他观察到，数学课往往沉闷无聊、枯燥乏味，并且大部分时间都是老师在授课，对学生来说实在是毫无乐趣可言。为什么会这样呢？就他自身的经历与体会来看，数学同样能够令人振奋，同样具有美感、挑战性和吸引力，同样可以像制作肥皂雕塑那样充满创造力。那么，如此拥有潜力的一门学科，为何会令大多数孩子毫无兴趣？

这次观察使派珀特陷入了深思，于是他花了多年时间设计出一套更具建设性的数学学习方式。他知道，不同于美术课上所使用的简单材料，数学课上将需要用到更加复杂、功能更强大的媒体工具。20 世纪 70 年代，派珀特与同事设计出了“LOGO 计算机编程语言”，这种语言能让孩子们通过在计算机上创作图片、动画、音乐、游戏、仿真模型等来学习数学。

20 世纪 80 年代中期，派珀特在麻省理工学院的团队成员开发了“LEGO TC Logo 编程软件”，这款软件将计算机编程语言与常见的乐高积木合二为一。这个新工具使孩子们能够通过在计算机上编写程序来控制他们搭建的乐高模型，而乐高模型也因此能够产生极为丰富复杂的行为结果。派珀特反复观察到，孩子们不仅仅是在利用这些材料来学习数学和设计，而且更是以数学家和设计师的身份在探索、构建，这使他得出一个结论："想要达到更好的学习效果，我们要做的不是改善老师的教授方式，而是给予学习者更多机会，使他们能以更优异的方式去建构。"[1]

根据构建知识理论所述，乐高工作法中最主要的学习驱动力，来自通过搭建你喜欢并引以为傲的事物来进行学习，并且对于你所搭建的成果，你可以自豪地认为"这属于我"。正如派珀特所说："相较于别人直接告诉我们的知识，我们在构建自己关心的事物的过程中所学到的知识更加透彻、更加牢固。"[2]

构建知识理论包含两个层面的构建，即你在动手构建实物时，也会在思维中构建与之相关的知识。与构建知识理论不同，"传授主义"（Instructionism）指的是，别人将他认为你理应掌握的知识传授给你。这两种获取知识的方式并无优劣之分。比如，儿童可以通过两种方式来学习交通指示灯的含义，一种方式是由你直接告诉他们绿灯行红灯停，另一种方式是让他们到马路上，通过亲身体验来学习。在这种情况下，当然是第一种直接传授的方式更合适。同样，我们在本书中直接告诉读者，乐高积木既可以用作转喻也可以用作隐喻，这也是在通过传授的方式来使读者掌握相关知识。总之，传授知识并非一种错误的学习方式，这就好比用药，如果你在正确的时间服用正确剂量的药物，那自然是有助于康复的，关键是具体问题具体分析。

具体思维与抽象思维

下面我们来动手做个小练习，使讨论更加生动有趣。在乐高专业用语中，我们将

图 6–2 中所示的积木称为“2 × 4 积木砖”。这是一款非常典型的乐高积木砖。

图 6–3 的二维图展示了三块 2 × 4 积木砖拼搭在一起的样式。当三块积木以这种方式拼搭时，该模型的左视图为 A，前视图为 B。现在，你需要拿起笔，在不使用三块 2 × 4 积木砖拼搭出实际模型的情况下，绘制出该模型的右视图或者后视图（请注意，不是顶视图和底视图）。你可以多花些时间来画，因为你很可能会发现这项任务极具挑战性，甚至难以完成。

图 6–2　乐高 2 × 4 积木砖

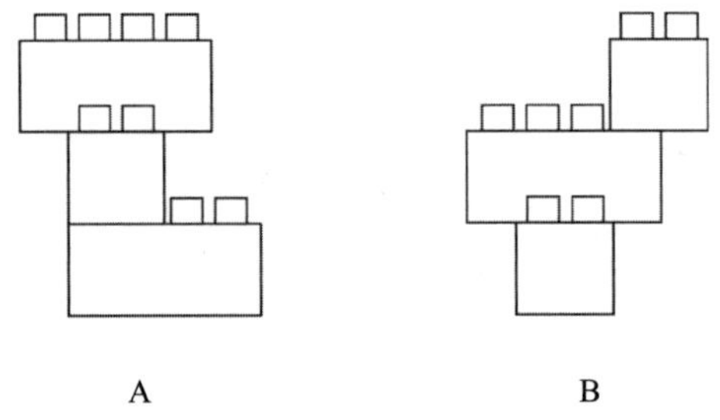

图 6–3　由三块 2 × 4 积木砖拼搭出的模型的两种视图

如果你画完或者放弃了，那接下来请用三块 2×4 积木砖拼搭出相应的模型，使其前视图和左视图符合 A 和 B 的样子。如果你画得正确，那么其右视图和后视图也应符合你的图；当然，如果你画错了，那也无须灰心。除非接受过此类绘画技术的专门训练，否则大部分人都很难在不拼搭出实际模型的情况下一次就画对。不过，如果能够用积木拼搭出实际的三维模型，从而将其每个侧面的视图可视化，那么我们所有人应该都能画出侧视图。通过积木产生的具体形象思维，使我们能够更快速、更准确地完成对于该模型形式的抽象展示。

接下来，我们再来看图 6–4，图中分别以三维和二维两种形式展现了同一栋建筑。

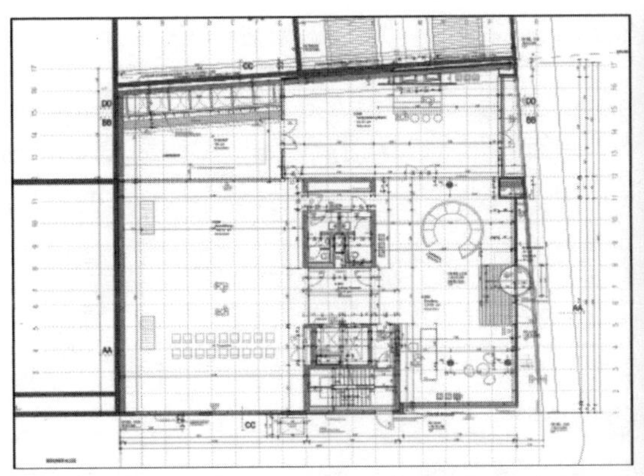

图 6–4　以二维形式展现事物的技能需要后天习得

图 6–4 右侧是一张展示建筑物三维模型的效果图，无论是用它来思考还是交流，都十分直观。你很容易就能想象出在这栋建筑中居住或玩耍时的种种情景。左侧则是

该建筑物的平面设计图，它是对该建筑物的形式抽象展示，我们通常只会将之视为设计过程中的文件，而不会用它来进行直观的思考。

通过上述两个例子，我们已经对具体形象思维有了更多了解，接下来让我们回到派珀特所提出的理论中。虽然他的构建知识理论是以皮亚杰的建构主义为基础的，但他最终还是发现了皮亚杰儿童发展阶段理论的一些不足之处。具体而言，就是“皮亚杰坚持认为形式抽象思维是最具价值的思维模式”。派珀特指出，“这导致皮亚杰将具体形象思维视为儿童思维，虽然他最先发现‘具体形象思维’，但却未能全面认识到这种思维是一种人类理性思维的普遍形式”。[3] 换言之，皮亚杰认为形式抽象思维是一种比具体形象思维更高级的思维方式，具体形象思维只是人类思维发展的一个阶段，一旦我们发展出了更高级的思维方式，就无须再利用具体形象思维思考了。

派珀特则认为，具体形象思维（以动手的方式思考）并不只是儿童思维成长过程中的一个阶段，它更是一种具有特定优点和用途的思维方式，它与逻辑思维或形式抽象思维并无优劣之分。换句话说，派珀特的观点与皮亚杰不同，他并不认为具体形象思维在认知体系中犹如婴儿的牙牙学语阶段。相反，他将具体形象思维视为一种与形式抽象思维相辅相成的思维方式，并向许多人解释了这一观点。在派珀特看来，将具体形象思维弃之不用，而选择纯粹的形式抽象思维，简直大错特错，因为这样做意味着放弃了一种极有价值的思维方式，同时也放弃了大量只能通过这种思维方式获得的知识。

手脑并用，以手启脑

我们在第 3 章中强调过，乐高工作法需要解决的三大挑战之一是解锁新知识。不过，有一个问题增加了我们应对该挑战的难度，即我们并不知道自己究竟掌握哪些知识。换句话说，我们对自己所掌握的知识并没有很全面的认识。之所以如此，部分原因出自人类大脑错综复杂的结构。如前文所述，我们的部分知识储存在大脑深处，部分知识储存在大脑皮质的不同位置，还有部分知识储存在海马体。也就是说，并非所有知识记忆都易于唤醒。

多年来，在我们推广乐高工作法的经历中，常常听见有人说："我根本不知道我知道这一点。"有时候，人们会更具体地表达出这一感受：

> 当你提出问题时，我并不知道该如何回答，甚至不知道从何开始。所以，我听从了你们的意见，虽然我不知道应该搭建什么，但我选择不去多想，直接动手搭建。突然之间，我就意识到，我已经在眼前的乐高模型中找到了答案。

通常，当参与者不得不回答一个特别复杂的问题，却觉得（显而易见的）答案无处可寻时，他们就会说出如此言论。然而，出乎他们的意料的是，他们往往都能成功地找到答案。

事实证明，乐高工作法唤醒潜意识中知识记忆的能力，远比我们最初设想的要强大得多。这促使我们如今格外强调"手知识"（hand knowledge）。我们用这个词来表示“在大脑并未完全意识到的情况下，双手所掌握的知识”。比如，当你驾驶汽车时，你的双手可能执行了一系列你并未意识到的操作。但是，乐高工作法中的“手知识”和驾车时手的操作之间，存在着一个很大的区别：驾车时，你可以刻意让自己清楚地意识到，你的手在执行一系列默认操作时应用了哪些知识；但是，对于乐高工作法中的“手知识”，你只有在没有过多预先计划的情况下，直接动手搭建，才能使它浮现出来。

为了帮助参与者以手启脑，用双手唤醒知识和见解，我们提出的第一项基本原则是：相信你的双手。我们以此来鼓励他们在面对问题时不要多想，在没有搭建计划的情况下直接开始，甚至不需要思考自己为何拣选手中的积木块、为何要将它们拼成眼前的形状。第二项基本原则是对第一项基本原则的补充：无须过多思考将要搭建什么样的模型，直接动手搭建。

很多人在通过搭建模型顺利解决问题之后，往往会说：“刚开始我觉得无从下手，但我听从了你们的意见，直接开始搭建，突然间我就发现，解决方案已然在我眼前。”这种时刻往往让我们认识到上述两项基本原则中所蕴含的巨大力量。图 6–5 所展示的模型来自一次领导力发展工作坊，该工作坊的首要任务是解锁参与者对“何谓优秀领导力”的看法。刚开始参与者觉得无从说起，但是当他们搭建完图 6–5 所示的模型之后，突然之间，他们的看法就浮现了出来。模型中蕴含的故事是：优秀领导力在于能够了解团队的独特优势以及价值所在，并能够在考虑到其共性和差异的前提下将二者结合起来（如图 6–5 中间的积木堆所示）。

图 6–5　展示“何谓优秀领导力”的一种方式

在开发和推广乐高工作法的经历中，纵然我们体验了“手知识”的力量，但却未曾读到过任何一篇能够解释相关概念的研究文献。不过我们认为，进化对“手知识”的形成起到了一定的作用。

进化

有充分的科学依据表明，手脑之间存在着极其密切的相互依存关系。路易斯·利基（Louis Leakey）和玛丽·利基（Mary Leakey）及其子理查德·利基（Richard Leakey）[①]，以及唐纳德·约翰逊（Donald Johanson）、舍伍德·沃什伯恩（Sherwood Washburn）等

① 利基是世界著名古人类学家，他的代表作《人类的起源》是人类进化史领域不可不读的经典著作。这本书的中文简体字版已由湛庐策划，浙江人民出版社 2019 年出版。——编者注

多位人类学家和古生物学家的研究成果非常清楚地揭示了这一关系的发展。

古人类学家从古人类化石“露西”的骨架中推测得知，大约从 320 万年前开始，人类祖先阿法南方古猿已经具备了直立行走的能力。这意味着其他肢体尤其是手被解放出来，可以做更多事。而且从露西的骨骼化石上能够明显看出，她不仅已经拥有 5 根手指，而且还拥有对生拇指。这是人类进化史上至关重要的一步，因为对生拇指意味着人类的双手能够精准抓握。但露西的脑容量只有 400～500 立方厘米。对生拇指在人类祖先能人的化石中更加清晰明显。能人生活在大约 210 万年前，其脑容量为 600～700 立方厘米。

能人的出现是人类进化史上一个重要的分水岭，他们是最早制作石质工具的古人类物种，这些石器包括用于敲击的石锤、用于切割的石片以及用于劈砍的石具。正如弗兰克 · 威尔逊（Frank Wilson）在其著作《手的奥秘》（*The Hand*）中所述：“所有具有现代性并能将人与动物区分开来的人类行为特征，均出现于人类脑容量不断增加的过程之中，而这些过程正是以能人大量制作和使用具有创造性的新颖工具为起点。”[4]

现代人体生理学十分明显地展现了人类发展过程中手与大脑之间的紧密联系。加拿大神经外科医生怀尔德 · 潘菲尔德（Wilder Penfield）曾绘制过一幅人脑图（如图 6–6 所示），图中显示了大脑用于控制不同身体部位的相应比例。

许多人在看到这幅图时，都会对图中一个显而易见的现象感到吃惊：大脑之中用于控制手的部分居然如此之大。虽然这清楚地展示出手脑之间存在着紧密的联系，但似乎与抽象、推理等高级心理过程并没有什么关系。

作为当代主要智力理论的奠基人之一，皮亚杰提出，智力源自思维与世界的互动。因此，形成诸如时间、因果关系、空间等既复杂又抽象的概念均属于活跃的思维活动，它们源自思维与周围世界互动时所产生的反馈。汉斯·弗思（Hans Furth）是皮亚杰理论的研究者和阐述者，他认为，作为一名伟大的心理学家，皮亚杰最杰出的理论是“知识是一种构建其对象的活动”。[5]

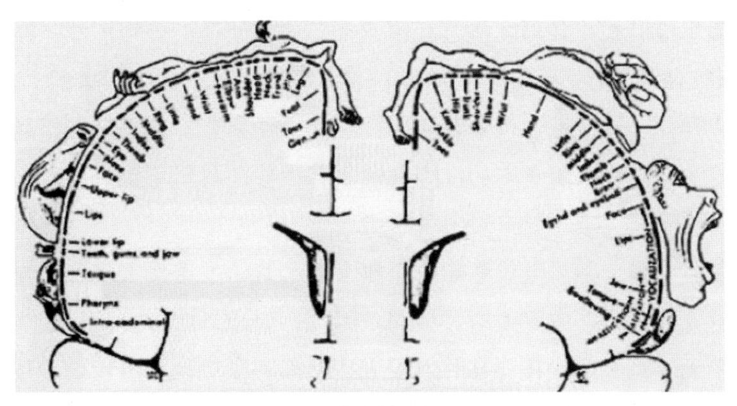

图 6–6 潘菲尔德绘制的人脑

资料来源：摘自《人的大脑皮层》（*The Cerebral of Man*）一书。

从人类古生物学家的研究成果中，我们可以得知，手和思维之间的联系对人类发展至关重要。这一事实与潘菲尔德和皮亚杰的科学见解都表明，用手来操控和构建世界是人与动物的区别之所在，更是大脑用来构建一切知识的主要方式。人类通过不断进化得以在这个三维世界中生生不息，而我们的大脑也在映射着这个过程。就连你在阅读这段文字的时候，你的大脑也在通过尝试将其转化为实体对象来理解，因为别无他法。[6]

深入探讨“以手启脑”

乐高工作法与派珀特的构建知识理论和动手搭建过程密不可分。该方法并非一个简单的可视化建模工具，而是一种以实物来进行思考的方式，是一种以我们的双手来释放创造力、拓宽思维模式和观察视角的方式。这种方式对于大多数成年人来说其实并不陌生，只是早已被人们遗忘了。乐高工作法基于一个信念，即成年人能够找出尘封的具体形象思维模式，并再度将之利用起来，这将使他们获益匪浅。有人可能会争辩说，我们可以使用其他各种各样的搭建材料，并不一定非要用乐高积木。话是没错，但无论是从多样性、灵活性、可重复使用性、模块性来看，还是从其搭建系统所具有的便捷性来看，乐高积木所具有的优势都远非其他任何材料可比的。

一家企业或公司，并非仅仅意味着企业大楼和其中的工作人员，它是一张在多个不同层次上有着复杂联系的庞大的关系网。因此，仅通过图形、流程图、块状图等书面形式，几乎无法将企业极具动态的性质表达出来。虽然计算机建模和仿真模型相比于静态模型更加进步，但依然有一定的局限性，因为我们通常很难从整体上去理解这些错综复杂的关系。然而，乐高工作法却以一种大胆的方式，将派珀特的构建知识的力量运用到商界的复杂性之中，从而使构成企业的抽象关系网络变得具体、直观、易于理解。

如图 6–7 右下方所示，该模型并非在展示企业大楼，而是从系统的层面上展示整个企业。根据我们以往的经验，当参与者通过这种方式来表示企业时，往往能观察到他们在关于企业的文字和图表描述中（如图 6–7 的左上方所示）无法观察到的许多细节。在面对关于企业的直观的三维隐喻模型及其整体商业环境时，参与者便能够将各种战略所带来的影响可视化，其清晰程度远非书面描述的效果所能及。不仅如此，参与者还能从一个更整体、全面的角度来观察他们的企业，并通过操纵、改动该模型，来预演各种假设情景，以观察它们所带来的后果。例如，“如果我们的主要供应商破产了会怎样”“如果我们将营销团队迁至亚洲会怎样”“如果我们的销售额突然翻倍会怎样”等。

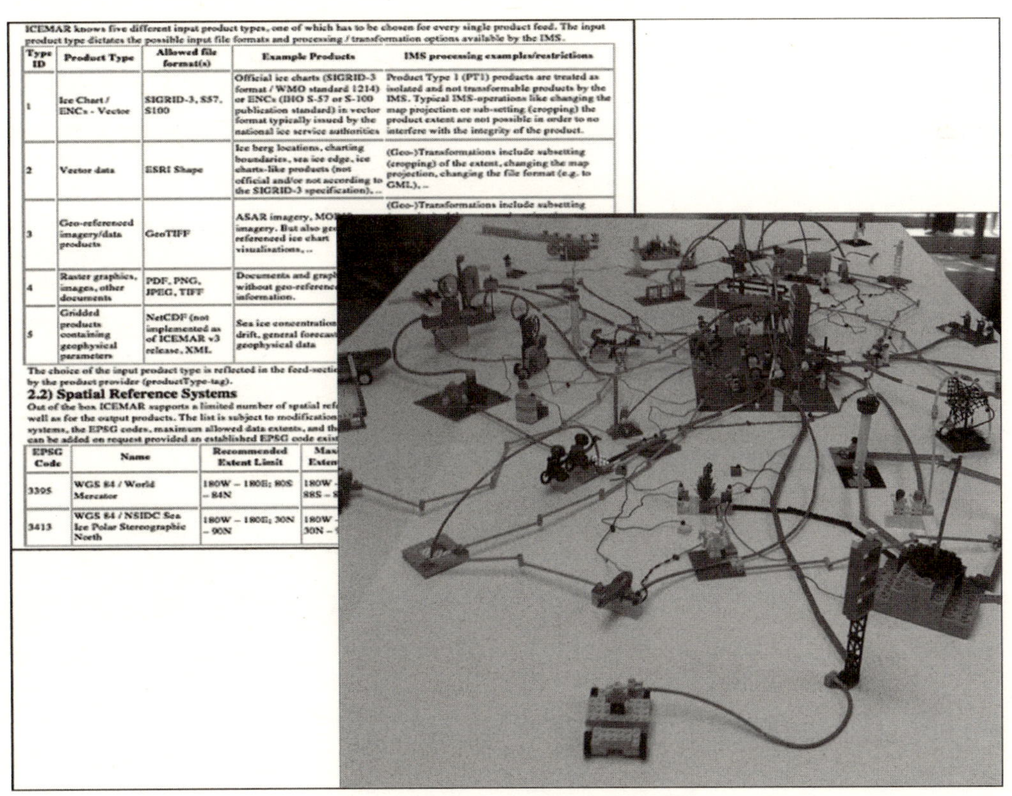

ICEMAR knows five different input product types, one of which has to be chosen for every single product feed. The input product type dictates the possible input file formats and processing / transformation options available by the IMS.

Type ID	Product Type	Allowed file format(s)	Example Products	IMS processing examples/restrictions
1	Ice Chart / ENCs - Vector	SIGRID-3, S57, S100	Official ice charts (SIGRID-3 format / WMO standard 1214) or ENCs (IHO S-57 or S-100 publication standard) in vector format typically issued by the national ice service authorities	Product Type 1 (PT1) products are treated as isolated and not transformable products by the IMS. Typical IMS-operations like changing the map projection or sub-setting (cropping) the product extent are not possible in order to no interfere with the integrity of the product.
2	Vector data	ESRI Shape	Ice berg locations, charting boundaries, sea ice edge, ice charts-like products (not official and/or not according to the SIGRID-3 specification), ..	(Geo-)Transformations include subsetting (cropping) of the extent, changing the map projection, changing the file format (e.g. to GML), ..
3	Geo-referenced imagery/data products	GeoTIFF	ASAR imagery, MO imagery. But also ge referenced ice chart visualisations, ..	(Geo-)Transformations include subsetting
4	Raster graphics, images, other documents	PDF, PNG, JPEG, TIFF	Documents and grap without geo-reference information.	
5	Gridded products containing geophysical parameters	NetCDF (not implemented as of ICEMAR v3 release, XML	Sea ice concentration drift, general forecas geophysical data	

The choice of the input product type is reflected in the feed-sectio by the product provider (productType-tag).

2.2) Spatial Reference Systems

Out of the box ICEMAR supports a limited number of spatial ref well as for the output products. The list is subject to modification systems, the EPSG codes, maximum allowed data extents, and th can be added on request provided an established EPSG code exis

EPSG Code	Name	Recommended Extent Limit	Max Exten
3395	WGS 84 / World Mercator	180W – 180E; 80S – 84N	180W 88S –
3413	WGS 84 / NSIDC Sea Ice Polar Stereographic North	180W – 180E; 30N – 90N	180W 30N –

图 6–7　展示某企业系统的两种不同方式

如前文中图 6–4 所示，绘制建筑物三维效果图的最终目的，是绘制其平面设计图。此处亦是如此，我们搭建企业三维模型的最终目的，可能也是制订如图 6–7 左上方所示的书面计划。乐高工作法是一种更快速、更有效的方法，因为它能够促使全员积极参与到该过程之中，并发挥出自己百分之百的潜力。

第 7 章

神经科学，探索搭建者的头脑

在最近几年，我们才开始将神经科学的研究结果用于理解乐高工作法。在早期的研究阶段，我们大多数是在直觉层面上，用神经科学的各项研究发现来支持乐高工作法的开发。后来，由于神经科学的进一步发展，以及功能性磁共振成像技术和功能性近红外光谱技术等在脑功能成像中的频繁使用，许多医学和神经科学的专业人士发表了诸多相关论文，从而也使我们能够更深刻地理解乐高工作法，并以此作为依据来增强该方法的效果。

可能大多数神经科学家会再三强调，将神经科学的研究发现直接应用于工作坊还为时尚早。没错，我们确实应该注意这一点。然而，在牢记这一点的同时，我们也的确在乐高工作法领域获得了一些激动人心的发现。这些发现进一步证实了我们在第 6 章所探讨的构建知识（派珀特）、建构主义（皮亚杰）和“手知识”等理论。在本章，我们将这些发现总结归纳为注意力、记忆和形成见解三大部分。

注意力的 4 个关键要素

情绪决定注意力能否集中，注意力决定学习效果，而学习效果又进一步的决定了记忆的深浅。我们将在下一章中深入探讨“心流”理论以及与乐高工作法相关的情绪的内容。在本章，我们先探讨注意力。

我们可以将注意力定义为“专注于特定相关内容、不理会无关信息和刺激的能力”。从生物学角度而言，如果不将注意力集中在所学内容上，那么既无法取得学习效果，也无法记住所学知识。因此，注意力对于开发新的解决方案而言必不可少。但是，注意力是一种稀缺且极易耗尽的资源。更糟的是，大多数人倾向于将注意力集中在一些毫无成效的事情上。换言之，人们倾向于将注意力转移到一些能使他们获得即时满足或者没什么挑战性的任务上。同样，如果在参与无聊冗长的 20/80 会议时，人们不幸属于 80% 极少发言的那部分，那么他们很可能会将注意力放在与工作毫不相关的事情上，因此也就无法记住我们并未关注的会议信息。

让我们详细探讨一下注意力具有何种特征。

注意力是一种稀缺资源，我们无法同时将注意力集中在多个事情上。例如，当我们尝试同时处理多项工作任务时，不仅工作质量会下降，而且无法记住工作内容。同时处理多项任务实际上是个伪命题。集中注意力能够提高海马体的参与度（我们将在后文中深入探讨），从而更可能形成记忆。

我们通常将注意力的强度定义为“注意力密度”，即单位时间内，个体观察或注意某个特定事物的次数。[1] 换言之，在单位时间内观察的次数越多，或者观察的时间越长，注意力密度也就越大。乐高工作法正是通过将多种类型的观察结合在一起的方式，来增加参与者在单位时间内的观察次数的，即通过讲故事来调动听觉，通过模型来调动视觉，通过动手搭建来调动动觉。

能够帮助我们集中注意力的关键要素有 4 个：

1. 唤醒，即将情绪调动起来，投入正在参与的事情。
2. 空间定向，即我们需要四处走动，使身体朝向我们所观察的事物。研究者指出，空间定向有 3 步：脱离、移动、参与。
3. 查新和奖励，即我们认为正在参与的活动具有一定的新颖性，或能使我们从中获得某种奖励。
4. 执行组织，即我们能够清楚地看到所参与的事情与我们的目标保持一致。

那么，我们应如何将这 4 个要素应用到乐高工作法中呢？

唤醒：利用强大的视觉隐喻，如得宝系列中的各种动物（鲨鱼、老虎、大象等），将参与者的情绪全方位调动起来。关于情绪对形成记忆所起到的作用，我们将在下一部分进一步探讨。

空间定向：当引导师提出搭建问题之后，参与者必须将自己从之前参与的事项中脱离出来，全身心投入乐高积木的搭建中去。例如，“乐高认真玩”应用技术（请参阅第 4 章）中的“搭建共享模型”以及“构建全景图”等，都利用了空间定向来提升参与者的注意力。在此类情况下，参与者使自己从特定的模型或视角中脱离出来，移动至其他位置，然后重新参与到观察中去。我们在布置“乐高认真玩”工作坊的会议室时，会将特殊的搭建套件放在距离参与者的位置较远的桌子上，使参与者不得不走过去，这一点同样利用了空间定向。还有，请回想一下当你在阅读本书第 6 章时，你是如何脱离阅读过程转而搭建模型的。当时，你很有可能是将书放下，移动到桌子的另一边，然后开始参与搭建。

查新和奖励：通常，对于参与者而言，通过搭建乐高模型的方式来解决问题本身就具有新颖性。如果参与者是第一次参与“乐高认真玩”工作坊，那么他还将得到一份属于自己的“新”搭建套件。此外，我们经常观察到，对于团队或组织长期面临的挑战和问题，如果参与者找到了新的解决方案，他们往往就能获得所有参与者的认可，这种认可正属于精神上的奖励。这种奖励也会进一步增大参与者的注意力密度。

执行组织：在工作坊开始前，有一点必须先确定好，那就是在整个过程中应如何将组织的目标与参与者自身的目标联系在一起。如果能做到这一点，参与者就能目标清晰地参与整场会议，这将促进他们大脑中多巴胺的分泌，从而使参与者集中注意力、屏蔽无关信息。

我们每个人都面临一个问题，即大脑无法长时间将注意力集中在同一刺激因素上，在工作中尤为明显。如果勉强为之，随着时间的流逝，我们从思考和观察中所获得的结果将会越来越少。此时，我们最自然地反应就是暂停一下，休息片刻。这样做，是为了使大脑可以针对其关注的事物，建立新的突触连接。你或许有过类似经历，例如，工作久了，就需要浏览一小会儿网页或者去喝杯咖啡，休息一下。

为了让参与者在工作坊中能够集中注意力，我们不仅要求他们必须全程关闭手机，而且要求他们仔细倾听、深入理解、寻找规律并尽量提出更深层次的问题。同时，我们还会刻意布置会议室的环境，使每个人都能在无人干扰的环境中安静地搭建自己的模型。这样做的目的，是使每名参与者既能独立思考又能同步合作。

记忆的形成和保持

"记忆"是一个笼统的概念，实际上，记忆能细分为好几个系统。首先，记忆分为长时记忆和短时记忆。短时记忆又称工作记忆，它涉及大脑对输入信息的即时处理，即我们在处理任务或与人对话时，思维中所存在的信息。例如，我们在向某人询问一串电话号码并且马上需要拨打此号码时，就会用到短时记忆。

长时记忆又可以进一步分为非陈述性记忆和陈述性记忆。非陈述性记忆是内隐记忆，它包括身体技能、习惯和条件反射等。研究人员认为，非陈述性记忆所涉及的大脑区域与陈述性记忆的不同。如果本书是我们以足球教练的身份撰写的关于体育的书，那么，它的重点可能会在非陈述性记忆上。

陈述性记忆可以进一步分为：①情景记忆，即人们根据时间和地点对某个个人经历或其他事件的记忆；②语义记忆，即人们对一般事实、关于世界的知识、客体以及语言等的记忆。理解上述两种陈述性记忆，对利用好乐高工作法至关重要。

通常来说，上述两种陈述性记忆的生成均分为三个阶段：

1. 编码和形成，即在大脑中形成实际记忆的阶段。
2. 保持和提取，即在行为（如对话）中保持、提取和应用记忆的阶段。
3. 编码和强化，即强化已存在记忆的阶段。记忆始终面临被遗忘的风险。

上述所有阶段都是必不可少的。你当然可以认为，学习本身就意味着能够将记忆中的新知识轻松提取出来。但首先，你必须脑中有物，否则提取也就无从说起。因此，想要利用乐高工作法获得理想效果，编码和形成显然是第一个关键阶段。

在探讨如何强化记忆之前，我们还需要探讨大脑的一个区域：海马体。大脑的海马体与大脑中较新的部分（皮质）和较老的部分（皮质下的结构）都有着紧密的联系。海马体是形成和提取记忆的核心区域，其中储存着一部分记忆。你可以将海马体视为你的个人搜索引擎和存储引擎，因为它不仅可以帮你编码记忆、决定存储位置，还能帮你在日后提取记忆。

那么，我们应如何利用乐高工作法来帮助参与者增强记忆呢？除了集中注意力，研究人员还指出了以下几点：

- 对信息的加工程度；
- 情境对提取记忆的重要性；
- 生成信息；
- 带动情绪。

对信息的加工程度

我们对信息的加工程度越深，所形成的记忆就越牢固。在计算机中，信息通常会被存储在电子文件中，但在人的大脑中，信息是以一种类似于网状的结构储存起来的。因此，对记忆的联想越丰富、越多样化，记忆网就越牢固。如果学习者还能够将信息转化为对个人有意义的联系，那么他对此便能形成更加牢固的记忆。

乐高工作法为参与者提供了多次深度加工信息的机会。

首先，在“乐高认真玩”核心流程的第二步中，参与者必须搭建模型并赋予其意义。此时，他们有时间探索并评估他们所建模型的意义，这一系列行为正属于达瓦奇、基弗和大卫·罗克（David Rock）在《神经领导力杂志》（*NeuroLeadership Journal*）中所描述的“语义加工”（semantic processing）[2]。在阅读第 6 章时，你所经历的动手搭建过程同样属于语义加工。

其次，在第四步反思阶段，其他参与者有机会针对模型向搭建者提问。这不仅有助于其他参与者理解搭建者的模型的意义，而且使搭建者有机会将其阐述清楚。通过讲述，搭建者在搭建模型时所感受到的灵感和动力，也得以向其他参与者再现。引导师通常也会提出问题，并鼓励搭建者从不同角度讲述故事。

最后，在应用技术的第二项至第七项中，参与者需要共同创建模型和故事，这使他们能够在感官上对信息进行更深层次的加工处理。多模块的工作方式有可能会刺激人们大脑中前额叶皮质中的多个神经网络，从而形成牢固的记忆。

情境对提取记忆的重要性

对于提取记忆而言，情境能够起到很好的提示作用。再现或回到记忆中的情境，有助于我们回想起当时所获得的见解以及所做出的决定。这是因为记忆本质上是编码和提取之间的交互，因此，当这两种行为所处的情境相匹配时，我们最容易回想起关键信息。例如，退伍军人回到战场时会回想起许多战场上的往事。再举个简单点的例子，我们翻看度假期间拍的照片时更容易回想起那时的经历。

在“乐高认真玩”工作坊结束后，我们会强烈建议小组参与者将他们搭建的乐高模型带回办公室；如果是个人模型，我们则建议他们带回各自的办公室。这将使他们能够通过情境再现的方式更好地提取记忆。如果经常看到这些模型，他们就能回想起工作坊中的情境，回想起当时所做出的种种决定，从而进一步根据这些决定采取行动。

生成信息

生成信息是学习者亲自参与创造新知识的过程。神经科学的研究者观察到，相较于单纯地阅读信息，生成信息能够使人的记忆更牢固。这一点也非常符合逻辑。如今我们对大脑的观察和研究也证实了一个古老的真理，即对知识的拥有权能够优化学习效果并建立长时记忆。生成信息和对信息的加工程度密切相关，因此，如果你是靠自己生成的新知识，那么就意味着你对信息进行了深度加工。举个简单的例子，当我们用笔记下某些内容时，即便之后不看笔记，单单记笔记这个过程也有助于我们回想起那些内容。

在乐高工作法的过程中，参与者首先必须在不受任何干扰的情况下，独立“生成”乐高模型和故事。同时，对于核心流程第一步中所提出的任何问题，参与者都必须“生成”自己的答案。在核心流程第四步中，还有可能出现后续问题，由于这些问题往往会涵盖所有已建模型，因此这也将使参与者进一步加工信息。

带动情绪

研究表明，“记忆是否生动鲜明”与“事件发生时是否引起了个体强烈的情绪”之间有着极强的相关性。[3] 研究人员认为，强烈的情绪能从两方面强化记忆：①使个体集中注意力；②能够刺激杏仁核，杏仁核是重要的大脑结构，在控制、体验和编码情绪上起着非常重要的作用。神经科学家认为，如果杏仁核在某些事物的刺激下产生了强烈的情绪反应，它就会向海马体发出信号——“这段记忆很重要，你最好保存一下，以便我们日后查找”。你或许还记得，海马体正是大脑的搜索和存储引擎。

乐高工作法几乎不可能不带动参与者的情绪——大多时候都是积极的情绪，也有时是一些中立的情绪。玩耍本身的体验就能给参与者带来好心情，同时，使用隐喻以及讲述故事都会给他们带来强烈的感觉，所有这些都有助于巩固记忆。例如，图 7–1 中所展现的“宰杀现金牛（毁灭摇钱树）”就是一个能使人产生强烈情绪的模型。

图 7–1　宰杀现金牛（毁灭摇钱树）

在前文中，我们已经探讨过在乐高工作法中如何使参与者形成并保持牢固的记忆。我们也已经知道，如果参与者注意力不集中，形成的记忆将会十分薄弱，并且容易淡忘。因此，防止参与者分散注意力也是我们的目标之一。一些研究表明，当人们的注意力分散时，海马体实际上处于未激活状态，这会导致形成的记忆很少，甚至没有。这样一来，参与者将无法记住工作坊中所讨论的内容、他们获得的见解，以及他们通过破除惯性思维所做出的新决定。**故此，我们在乐高工作法中还使用了另外两种技术，来强化参与者的记忆：**

1. 将学习分散到工作坊的多个时间段中。实际上，我们在“搭建个人模型和故事”（技术 1）以及“构建全景图”两个步骤（技术 3）中，就使用了这种方法。合理设计工作坊的流程，意味着我们能够将学习分散到不同步骤中去。研究表明，这种做法有助于形成更牢固的记忆。

2. 组块化。以搭建乐高模型的方式来解决复杂问题，实际上就是一种将知识简化并“分解成块”的做法。反之，我们也可以将“构建全景图”视为一种“组合成块”的做法，因为在该步骤中，参与者必须将具有相似意义或能形成某种模式的个人模型组合到一起（如图 7–2 所示）。

不论是简化，还是组块化，都有助于参与者在工作记忆中生成并储存更多信息，从而让他们的讨论更加深入。

图 7–2　模型的摆放位置有特定意义，它们讲述了一个整体性故事

获得新见解

我们在第 6 章提到，有不少参与者在工作坊中说："我根本不知道我知道这一点。"但是，我们并未对如何获得新见解给出完整的解释。在这里，我们就来进一步探讨新见解来自何处、大脑需要具备哪些条件才能形成新见解，以及参与者在乐高工作法中是如何获得新见解的。

新见解是针对已知问题的新的解决方案，其本质是一种新知识。通常来说，单凭分析，很难获得新见解。因为在分析过程中，我们仅仅是将已知信息分解开，然后重新组合在一起。要想利用新见解来解决问题，就需要认知重构，并重新诠释我们对问题的看法。新见解往往令人觉得出乎意料，并让人体验到一种"顿悟"的感觉。在第 1 章 Scurri 公司的案例中，当参与者意识到公司一直将重点放在客户群上的那一刻，就是他们获得新见解的顿悟时刻。

新见解十分重要，因为相较于单纯地通过分析来解决问题，新见解能使记忆更牢固、更清楚。[4] 获得新见解、集中注意力，再加上身体所分泌的儿茶酚胺（catecholamine），可谓三管齐下，这样能够使人形成非常牢固的陈述性记忆。

趋于平静

脑部扫描显示，大脑在获得新见解的前一刻，往往会趋于平静。此时，大脑不仅接收的信号更少，不同脑波之间的信号也更少。并且，脑电信号的波长也会发生改变。

因此，乐高工作法同样留出了能让大脑趋于平静的时间。这段时间通常是在核心流程的第二步——构建阶段。一般来说，在完成模型搭建之后，参与者会觉得自己的成品能够解答工作坊伊始引导师所提的问题，但时间仍有富余。此时，参与者处于一种放松状态，我们认为这段时间正适合用来使大脑趋于平静，从而为获得新见解做好准备。事实证明，的确有许多参与者在这段时间中获得了大量灵感，并对之前的模型进行了重新搭建。

或者更确切地说，这种情况“以前”的确经常发生。然而如今，我们遗憾地发现，越来越多的参与者并没有利用这段时间去将大脑中微弱的信号整合起来，而是将注意力转移到了智能手机上，这无疑使他们失去了获得新见解的机会。作为引导师，我们鼓励参与者始终将注意力放在工作坊中，但是大多数人已经习惯了稍一得空就立马查看电子邮件或社交媒体。许多组织要求员工在工作时间内完全不许开小差，这其实是一种非常不健康、非常不利于大脑的工作模式。当然，这一话题也许应放在另一本书里专门讨论。然而，一想到许多参与者因为开小差而错失大量潜在的新见解，我们就会感到有些沮丧。

避免抑制情绪

在大脑趋于平静或将得到新见解的前一刻，大脑中前扣带回皮质会更加活跃。与海马体极为相似，这部分脑结构同样与大脑中其他区域有着紧密的联系。我们在前文中提到的集中注意力的关键要素，如记忆、情感和动机等，就与该结构有关。另外，该结构还在错误检测和情绪抑制中起着重要作用。

因此，有一点至关重要，那就是要保证这部分大脑区域不被其他耗费心力的活动（如情绪抑制等）所占用。正因如此，我们竭尽全力地在“乐高认真玩”模型中接纳所有不同观点，并明确指出，没有错误的答案或解决方案。鼓励参与者随心搭建具体直观的模型，不仅能够使他们有机会为自己的想法贴上标签，而且能防止他们占用前扣带回皮层抑制情绪。

保持良好的情绪或积极的影响

如果拥有积极情绪，我们就能更容易地通过获得新见解来解决问题，从而更有可能形成牢固的记忆。积极情绪能够使大脑处于一种所谓的“预备”状态，或许是由于前扣带回皮质并未被占用，因此更容易发现微弱信号之间原本易被过滤掉的新联系。检测到这些信号是获得新见解的最后一个前提。

关注微弱信号

在“乐高认真玩”工作坊中，让参与者有时间使大脑趋于平静之所以至关重要，不仅是因为这对形成记忆十分必要，而且还因为这段时间能够使感觉门控发挥作用。也就是说，大脑此时会屏蔽无关信号，尤其会将许多视觉输入过滤掉。在这段时间内，大脑不再关注外界刺激，转而注意一些来自其他大脑区域较微弱甚至极易被忽略的信号。

研究人员发现，当大脑不再关注外界刺激时，大脑中会产生伽马波。伽马波的波长与我们平时观察到的脑电波波长不同，因此，神经科学家认为，伽马波的作用在于将来自不同大脑区域的微弱信号联系在一起，从而使我们产生新的见解。我们不妨将搭建积木的时段视为关注外界刺激的时段，将大脑趋于平静的时段视为关注脑部微弱信号的时段。

避免“启动效应”

最后，想要获得新见解和出人意料的解决方案，就必须保证答案的多样性。但是，正如我们在第 1 章所述，在大多数 20/80 会议中，几乎都是第一个发言人占用了绝大多数的发言时间。他通常还会设定解决方案的框架，导致其他参与者产生先入为主的印象。神经科学将这种现象称为“启动效应”（priming effect），在这种情况下，与会者往往会陷入固定的回答模式之中。这无疑会进一步使与会者的答案和想法受到局限。

乐高工作法能避免会议中出现启动效应。因为它在会议一开始，就要求每名参与者搭建自己的模型（参见技术 1）。如此一来，所有参与者就能在不受他人干扰的情况下，独立构建自己的故事。

在了解了与大脑相关的知识之后，接下来，我们将探讨一种情绪反馈机制——心流。当我们处于心流状态时，能获得更好的学习效果。

第 8 章

心流，有效学习的乐趣

正如本书第二部分所述，我们认为，“学习”意味着人们理解某种体验，并将其内化到他们对世界的认知体系中。大自然正好赋予了人类一种特殊的生物反馈机制，让人们在开展合理的学习行为（如学习各种生存技能）之后，能够获得心理上的回报。当然，对于现代人而言，生存在很大程度上意味着，能够在有意义的情境中开展有效学习。当人们实现这一目标时，就会从心底里感到快乐和满足。人们获得成功时，往往就能体会到这种感觉。比如，通过面试并获得了梦寐以求的工作，这无疑会令人们欣喜无比。并且，面试越难，人们所获得的愉悦感和满足感就越强烈。

每当人们习得某些重要的知识或技能，就能体验到愉悦感和满足感，这种生物机制是促使人类不断发展并了解世界的重要动力之一。身体利用积极的情绪和感受，来鼓励我们学习对我们而言重要的事物，自石器时代以来，有效学习一直在帮助人类谋生存、求发展。正如我们在第 7 章所述，情绪决定注意力能否集中，注意力决定学习效果，而学习效果又进一步决定了记忆的深浅。

在过去的30多年中，无数研究人员和科学家对这种深层次的满足感展开了彻底的研究。匈牙利心理学家米哈里·希斯赞特米哈伊（Mihalyi Csikszentmihalyi）[①]就是其中之一，他将此类感受或者心理状态称为“心流”。我们已经将关于心流的种种理论整合到乐高工作法中，使之成为个人学习和团队学习的主要动力。没有乐高积木，那么乐高工作法就无从谈起；同样，若非心流的概念渗透到乐高工作法流程的方方面面，那么该方法也无法发挥作用。

如何进入心流状态

心流指的是一种心理状态，即完全沉浸于某个游戏或任务中，忘记了时间的流逝，忘记了所处的环境，并将学习潜力发挥到极致。心流的概念如图8–1中的模型所示。

根据心流模型，我们可以清楚地知道，当我们的能力水平和挑战的难度相匹配时，我们就会进入心流状态。缺乏挑战性会使人感到无聊，挑战的难度过高则会使人焦虑。该模型还告诉我们，如何通过心流来实现个人能力的提升。也就是说，我们经历了一次“闪光”体验。当我们成功完成了最初感觉力所难及的挑战时，当我们超越了对自己能力的期望时，就体验到了这种“闪光”时刻。

让我们来认真探讨一下心流模型。如果我们处于A1、A4或者A1与A4所形成

① “心流之父”希斯赞特米哈伊历时30年潜心研究的经典之作《创造力》一书，深入阐述了心流对创造力的重要性，提出了运用心流创新的实用建议，其中文简体字版已由湛庐策划，浙江人民出版社2015年出版。——编者注

的对角线区域内的任何一点上，那就意味着我们的能力与挑战的难度能够完美匹配。此时，我们会获得成就感，并体验到心流。如果挑战的难度超出了我们的能力范围（A3），我们将会感到焦虑。此时，我们面临两种选择：提升技能，使自己达到 A4；或者，降低挑战难度，使自己回到 A1。然而在现实中，一旦我们意识到某个挑战具有意义，往往就很难置之不理。当我们的能力高于挑战的难度（A2）时，我们会感到无聊，并试图寻求更高难度的挑战，以期再次达到 A4。在这种情况下，尝试回到 A1 是毫无意义且不符合逻辑的，因为那意味着我们必须忽略或遗忘自己已经掌握的技能。

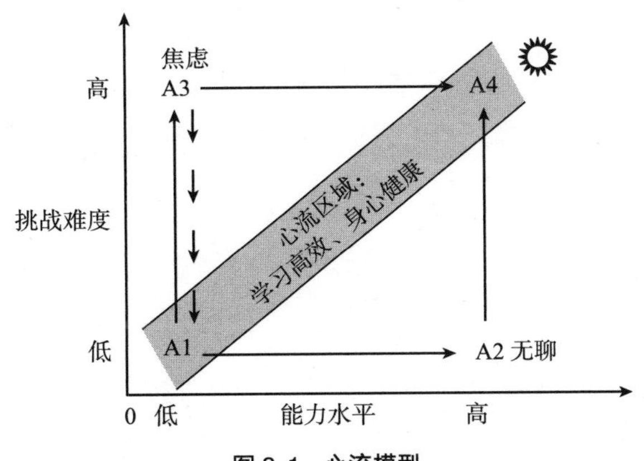

图 8–1 心流模型

资料来源：汉斯·亨里克·努普（Hans Henrik knoop），《玩、学习与创造力》（*Play, Learning and Creativity*）。

一直以来，电脑游戏和滑雪场的设计师在设计中都使用了心流模型。你或许已经注意到，无数电脑游戏和电子游戏的目标其实都是通关。人类天生就希望待在心流区域，不断学习新的知识、掌握新的能力。对于电脑游戏玩家和滑雪者而言，这种充满学习动力的状态是他们理想的学习状态。如果玩家一直停留在 A1 级别的游戏上，最终就会感到无聊并失去继续玩下去的兴趣。只有当游戏的难度级别不断提高，使玩家想要进入 A4 时，他才会继续玩下去。然而，如果游戏的入门关卡难度太高，那么玩家就会卡在 A3，这无疑会使他失去兴趣，转而去做其他事情。

如果你体验过高山滑雪，那你或许也能看出心流模型在滑雪运动中所发挥的作用。滑雪场的设计师会根据雪坡的陡峭程度和雪道的难易程度，将雪道分为初级、中级、高级、竞技等多个级别，这是滑雪者普遍熟知的分级系统。通常来说，这些级别分别被称为绿道、蓝道、红道和黑道。绿道坡度最为平缓，而黑道坡度最陡。这种由易入难的级别设计，使滑雪者可以通过选择与自己能力相匹配的雪道来实现有效学习。随着滑雪技能的提升，滑雪者可以进一步挑战级别更高的雪道，从而提升自己在心流区域的位置。

无论是玩电脑游戏、练习高山滑雪还是处理工作上的项目，保持全神贯注都能让我们提升技能，从而让我们产生愉悦感和满足感。学习会让我们获得知识上的增加和技能上的提升，因此，了解学习与心流之间的密切关系，对我们实现高效学习是至关重要的。我们可以通过比较两个核心问题的答案，来清楚地阐明这一点。当我们询问别人“你认为自己何时能够高效学习”时，很少有人会说他们认为“长期来看，无聊时所学的知识和技能最多”。同样，也很少有人会声称当他们“处于焦虑状态时，他们的学习能力会增强”。虽然在某项任务刚开始时，体验到短暂的紧张或焦虑是正常且必要的，但从长期来看，焦虑情绪会对学习产生负面影响。绝大多数人回忆说，当他们面临一项难度适中又具有意义的挑战时，就会体验到高效学习。因此，想要体验到心流状态就必须满足以下三点要求：

- 任务情境对于我们而言具有意义。
- 我们所处的环境能使我们全身心投入任务之中。
- 这项任务既不无聊也不会使我们感到焦虑。

如果我们换个问题，询问人们“你认为自己何时最能享受生活”，我们大概率会得到类似的答案。很少有人会说他们认为无聊的时候最舒适惬意，也不会有太多人说他们乐意于生活在焦虑之中。绝大多数人都会说，当他们沉浸于做一件既不太容易也不太困难的事情时，他们觉得自己最快乐。两相比较，我们可以合理地推断出，玩耍和学习虽然看似不同，却是一体两面。通过观察我们也可以看出，无论是儿童还是成年人，都往往能在高效学习时体验到极大的快乐。我们甚至可以进一步断言，高效学习本身就是一种充满乐趣的体验，人们也普遍乐意通过玩的方式来展开学习。

心流与乐高工作法

本书在序言中简述了乐高工作法的发展历程，你可能还记得该部分曾提及，约翰·鲁斯和巴特·维克托在开展早期实验时，曾试图使众企业（包括乐高集团）的管理团队通过乐高积木来进行战略开发，但却因“不得其法”而遭遇了失败。后来，当罗伯特和他的团队接下了进一步开发“乐高认真玩”产品的重任之后，他们顺利找到了“解决之道”，继而不断将该方法推广到各个企业和行业的团队中去。

不论是“不得其法”，还是顺利找到“解决之道”，其实或多或少都与心流的概念有关。《玩、学习与创造力》一书指出：

> 当我们正在做的事情有一定难度时，我们会体验到极大的乐趣和丰富的创造力，并学到大量知识或技能。这是因为，我们的身体本身非常清楚，应该如何在我们所处的情境中实现目标。此类目标包括能力、活力和复杂性的发展，我们的大脑会以积极的情绪做出反馈，以鼓励我们保持这种状态。

当我们彻底了解了心流的重要性，并将其视为乐高工作法操作系统中的重点时，一切便迎刃而解。我们当时就认识到，乐高工作法将会极大地增加带来真正变化和增强长期学习效果的机会。

在实践中，我们确定的第一件事，就是将技能建立纳入乐高工作法中。对于乐高工作法所有的新用户来说，将技能提升作为该方法不可或缺的一部分，意味着确保他们能够借助乐高积木、隐喻和故事等，来提升自己的相关能力。同时，由于参与者所面临的挑战越来越难，这无疑意味着我们同样需要确保这些能力的提升幅度。在这些过程中，我们都刻意使用了心流理论。

参加完“乐高认真玩”工作坊的人，常常说他们不仅体验了一次智力上和情绪上的过山车之旅，而且还获得了极大的成就感。他们认为不仅自己的能力得到了极大的提升，而且在工作坊中时间过得飞快，总之他们都觉得这是一次非常愉快的经历。他们所描述的，正是他们不断进出于心流区域的体验。

然而，每个参与者达到心流状态的方式不尽相同。第一类参与者在工作坊开始时，会处于焦虑状态（A3）。通常，此类参与者会认为，他们达不到乐高工作法所要求的能力水平，他们或是由于之前从未玩过乐高积木，因此担心自己会处于劣势；或是认为自己并不具备工作坊中所需的创造力，担心自己面临的挑战会极其艰巨。

第二类参与者，认为自己在工作坊中感到无聊（A2）。此类参与者倾向于认为乐高工作法只是一种小孩玩的无聊游戏，并不适合严肃的商业场合，甚至有弊无益。因此，他们觉得参与此类工作坊无异于浪费时间。无论是处于焦虑状态还是处于无聊状态的参与者，他们实际上都是将注意力放在了自己对乐高工作法的错误预期或错误理解上，而并没有将注意力放在工作坊的目标上。因此，处于这两种状态的参与者，都不会对工作坊中的体验抱有什么期待。

第三类参与者，一开始处于 A1。他们不仅对接下来的会议抱有期待，而且还以不断提升自己在心流区域中的位置、最终抵达 A4 状态为目标，并为即将到来的最佳学习状态做好了准备。

前文所说的技能建立之所以至关重要，原因正在于此。优秀的“乐高认真玩”引导师最为关键的技能之一，就是能够在工作坊开始后的 45～60 分钟之内，帮助处于 A3 状态和 A2 状态的参与者抵达 A1。整个工作坊的设计，以及挑战难度的不断提升，都必须以帮助参与者进入心流区域为第一要义。想要使参与者顺利达到最佳学习状态，并使他们不断提升在心流区域中的位置，就必须做到以下几点：

- 使参与者能够将注意力放在目标明确的任务上。
- 挑战的难度与参与者的能力水平相匹配。

- 对于参与者而言，挑战的难度是以合理的幅度在增大的。
- 规则清晰易懂。
- 对于参与者在每个步骤中的表现，都有清晰明确的评价。

在大多数组织中，每天都有大量处于 A1、A2 或 A3 的员工。那些感到压力巨大、疲惫不堪或任务繁重的员工，通常处于 A3。由于他们既无法掌握必要的能力，又无法降低工作的难度，所以他们无法在工作中获得更多的愉悦感和满足感。那些开始寻找新机遇，或是认为自己的成绩并未得到足够重视的员工，通常处于 A2 状态。从大体上来看，全体员工的行为模式都可以归类到上述几种状态之中。因此，一个好的领导者或管理者，需以不断关注下属在心流区域中的状态为己任，并帮助他们迈向永无止境的 A4 状态。

在第 9 章，我们将深入探讨想象力——一种能够帮助我们看见尚未存在的事物的思维能力。

第 9 章

想象力，见所未见

纵观历史，“想象力”一词拥有许多不同的文化内涵和语言内涵。这些内涵都基于同一个观点，即人类具有一种独特的图像形成能力或想象能力，不仅能反映现实，还能超越现实。想象力是人们“构想超越事物原貌”的思维能力，是一项对乐高工作法而言至关重要的能力。我们的一部分目标是希望在企业发展、团队发展和个人发展的层面上，推动人们向前一步、解锁新知识并破除惯性思维。这就意味着，乐高工作法应该能够鼓励人们发现新的现实和可能性。用美国著名心理学家约翰·杜威的话来说，就是“把事物看成另一种可能的样子”。

人们经常不加区分地使用“想象力”和“创造力”这两个词，然而，这样的用法是不准确甚至错误的。当然，这两者有着紧密的联系。如果说想象力是“构想超越事物原貌”的能力，那么，“创造力”则是将想象之物应用到实践中去的能力。例如，如果一家企业的员工在想办法提升该企业的市场竞争力，那么，他们实际上就是在发挥想象力；而当他们通过降低价格、提升客户服务质量等方法来达到这一目标时，他们就是在将想象出来的方法应用于实践，即发挥创造力。

市面上关于想象力的书籍和出版物数不胜数。对乐高工作法而言，想象力至少有三类：

1. 描述型想象力——描述已存在的事物。
2. 创造型想象力——创造新事物。
3. 挑战型想象力——挑战已存在的事物。

在乐高工作法中，我们将这三类想象力之间的相互作用称为战略型想象力。由于不同类型的想象力意味着它们的实践需要以不同的方式展开，因此，在我们进一步探讨战略型想象力之前，不妨先来分别探讨一下上述三类想象力（三种“构想超越事物原貌”的方式）的作用。

描述型想象力：事物的合理化

我们身处一个复杂难懂的世界，描述型想象力的作用正是让我们形成与之相关的图像，以帮助我们理解世界。描述型想象力能够根据个体多年积累的经验，对数据和信息进行重新排列，并从经过严密分析所产生的海量数据中识别出模式和规律。描述型想象力不仅揭示了正在发生的事情，还让我们能够将事情合理化，从而发现新的可能性和机会。这种描述并理解世界的需求和能力，对于任何一种发展都是至关重要的，企业发展也不例外。例如，由迈克尔·波特（Michael Porter）所提出的五力模型和价值链，以及无处不在的 2×2 矩阵图，都能成功地唤醒我们的描述型想象力。例如通过全景模型作为隐喻，来以不同方式描述世界，将有助于我们拓展描述型想象力。这也正是人类处理复杂信息的惯用方式。如果赋予信息一定的结构，我们就能有效地运用描述型想象力，聚焦于重复模式，以新的方式看待现有的事物。我们在第 1 章以 Scurri 公司为例，详细讲述了该公司以商业模式画布为基础所设计的“乐高认真玩”工作坊。其中，利用亚历山大·奥斯特瓦德所提出的商业模式画布为工具进行思考，也是利用描述型想象力来理解世界的另一个例子。天气预报也很大程度地运用描述型想象力，通过展现图表的方式，更有效的沟通。图 9–1 中展现了一种利用描述型想象力来说明团队中的领导品质。这幅图中的模型意味着，“只有与领导者相同的思维模式，才是正确的思维模式”。

图 9–1　利用描述型想象力展示团队思维的趋同性

创造型想象力：创造新事物

创造型想象力使我们能够看到尚未存在的事物。通过对事物或概念的组合、重组和转换，创造型想象力能够真正带来新的可能性。不论是愿景规划、创新试验，还是头脑风暴、打破常规，都离不开创造型想象力。描述型想象力能使我们以一种新的视角看见“已存在之物”，而创造型想象力则能使我们看见“尚未存在之物”。我们可以利用这种想象力来创建一些全新的和完全不一样的事物。图 9–2 中的模型正是人们运用创造型想象力的例子。虽然第四个车轮比其他三个车轮大许多或许不是什么好主意，但这也未尝不是一个“看见尚未存在之物”的生动示例。

图 9–2 利用创造型想象力，展示前所未有的想法

许多企业在制定创新战略时，常常会用到创新型想象力，它不仅能够帮助企业打败竞争对手，还能使竞争对手的存在变得无关紧要。《华尔街日报》曾将加里·哈默（Gary Hamel）誉为全球最具影响力的商业思想家之一，他所说的“为未来而竞争”①，所蕴含的正是这种精神。[1] 无论是苹果公司制定与 iPad 和 iPhone 相关的战略、谷歌推出谷歌眼镜，还是维珍集团成立维珍银河子公司，抑或是微软推出的 Xbox 家用电视游戏机，凡此种种，无一不是在利用创造型想象力将品牌扩展到诸如消费品、太空旅游和游戏等新产品、新市场中去。

当人们对现有选项不满意时，就会被激发出创造型想象力。创造型想象力总是披着一层神秘的外衣，许多人将其描述为“灵光一闪”，并认为拥有创造型想象力的人“天赋异禀”或者“天纵奇才”。然而，清醒理智的人会发现，创造型想象力并不神秘，它无处不在，人人都有，它源于洞察力或大量的经验和分析。图 9–3 所示拉杆箱的发明就是一个发挥创造型想象力的著名例子。

罗伯特·普拉斯（Robert Plath）是美国西北航空公司的飞行员，他在家时酷爱摆弄器具，搞一些发明。1987 年，他在原有四轮拉杆箱的基础上，发明了带有伸缩手柄的两轮拉杆箱。相较于之前必须平放在地上、靠拖拽才能前进的四轮拉杆箱，新的两轮拉杆箱可以直立起来，被人拉着前进。[2] 普拉斯正是在带轮拉杆箱的领域中，看见了“尚未存在的事物”。其实，在 1970 年前后，四轮拉杆箱就出现了，但始终都没有流行起来。

---

① 这种观点认为，企业应该把主要精力放在自己的优势和顾客的需求上，而不应首先考虑对手是如何做的，再来决定自己采取何种决定。——编者注

创造型想象力在战略流程中起着至关重要的作用，它通常与制定创新战略紧密关联。创造型想象力与幻想之间存在着明显的不同，前者指的是人们将注意力放在可能实现的事物上，并努力实现此类可能性；后者则属于无法实现的领域。如果我们以消极的方式发挥创造型想象力，就可能会产生风险，沉溺于幻想、不可能或不可行的方案之中。如果战略制定者没有将以往的经验纳入考虑，就往往容易陷入幻想之中。

图 9–3　两轮拉杆箱

挑战型想象力：挑战与破坏

挑战型想象力与上述两种想象力完全不同。我们通过发挥挑战型想象力来否定、反驳甚至摧毁我们利用描述型想象力和创造型想象力所获得的成果。挑战型想象力意味着推翻所有规则，一切从零开始。创造型想象力通常是在已有事物上增加新元素，而挑战型想象力则更进一步，它通常意味着彻底摧毁已有事物，还意味着从头开始，不做任何既定假设。如图 9–4 所示，参与者需要发挥挑战型想象力来挑战“汽车的车轮必须是圆形”这一观念，他们必须针对“如何舒适愉快地驾乘方轮汽车”想出一些解决方案。

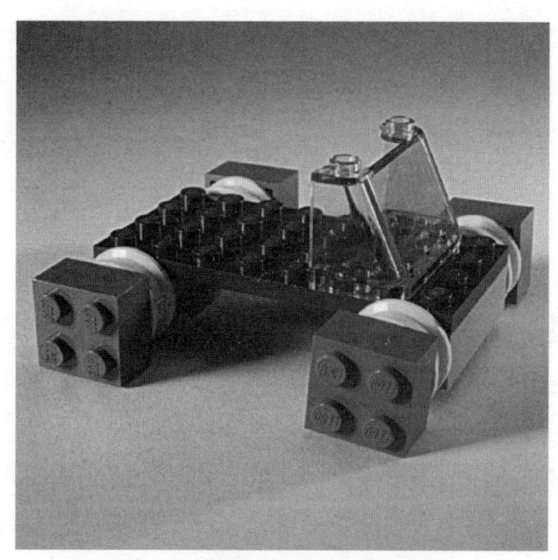

图 9–4　利用想象力挑战传统智慧

发挥挑战型想象力的常见方法包括解构和讽刺。工程师、管理学家及作家迈克尔·哈默（Michael Hammer）所提出的“再造”概念就是一个很好的例子。人们经常误解这一概念，其实，“再造”并非指“改进现有运营方式”，而是指“完全抛弃现有运营方式，一切重新开始，重新设计企业的经营、管理及运作方式”。[3] 乐高集团得以迎来转机，就少不了挑战型想象力的功劳。

虽然听起来似乎有悖常识，但此处的“解构”往往伴随着讽刺以及对“不存在所谓的真理”这一观点的认识。人们熟悉的连环漫画《呆伯特》(*Dilbert*)，便是这种方式的绝佳体现。创作者斯科特·亚当斯（Scott Adams）通过呆伯特的形象对商业世界进行了滑稽夸张的演绎。以呆伯特为主角的各种管理书籍应运而生，这个漫画角色在全球各行业战略制定者之间的对话中占据了重要地位。当然，如果用极端的方式去解构，去否定一切、拒绝一切，那将会使人一无所有。因此，人在发挥挑战型想象力时，可能会陷入一种战略虚无主义，即认为所有的选择都有缺陷、所有的计划都不可行、所有的定位都不精准且具有误导性。

战略型想象力

我们已经讨论过，人类具有在大脑中形成图像或想象事物的能力。具有挑战性的部分，在于如何使这种能力发挥作用，以及如何激发人们对图像的创建。请试想一下，你坐在一张桌子旁，盯着一张白纸或白板，你需要通过画图，来展现你对企业当前和未来状况的看法。这并不是一件容易的事。你需要得心应手的工具，才能更好地发挥出想象力。接下来，我们将通过一个例子，来说明乐高工作法是如何帮助参与者发挥想象力的。

某公司研发了一款独特的新产品，图 9–5 中乐高模型正中间的熊猫正代表着这款产品。然而，这款产品的销量却一直上不去。该公司通过“乐高认真玩”工作坊，发现了销量惨淡的根本原因：对于这款产品，该公司的确引以为豪，但却总害怕被模仿。因此，公司通过一系列手段，对该产品进行了过度保护。模型中“将大熊猫关在笼子里”“将笼子用栅栏围住”“团队成员还肩负守护之责”等，都说明了这一点。这就导致虽然公司成员能看到玻璃罩中的客户，客户同样可以看到他们，但两者却无法展开沟通。

当团队成员找到根本原因之后，营销部门就开始针对模型展开“假设游戏”，即进行一些情景模拟试验。例如：“如果我们撤走负责守护的成员和栅栏，将会如何？”通过预演情境、预测可能出现的后果，团队成员便能找出将熊猫带出保护区并送至客户手中的最佳方法。

图 9–5　发挥战略型想象力，理解当前状况、发现问题所在、挑战当前看待世界的方式

在这个简单的示例中，我们可以清楚地看到战略型想象力发挥作用的过程，即前文所述的三种想象力之间相互作用的复杂过程：参与者用乐高积木搭建模型，此时，他们发挥描述型想象力来理解现状；随后，针对现状，他们通过发挥挑战型想象力来构思解决方案；最后，他们利用创造型想象力来构想未来决策可能带来的新情境。

我们之所以在前文分别强调三种想象力的价值及其面临的风险，是因为我们发现，大多数人以为想象力只有创造型想象力这一种形式，并认为这种想象力有利无弊。实际上，每种想象力都有各自的优点和缺陷。当人们发挥挑战型想象力时，会给群体互动和社交氛围造成较大的负面影响，所以也有许多人认为挑战型想象力有弊无利。然而实际上，挑战型想象力可能蕴含着无比巨大的力量。因此，引导师不仅需要创造出足够的空间，使参与者能够尽情发挥上述三种想象力的优势，同时，还需要避免让它们造成负面影响，这也进一步证明了引导师的重要性。

对于工作坊中三种想象力相互作用的过程，参与者不会主动意识到，而且很难察觉到。但能够清晰观察到的是，在“乐高认真玩”工作坊中，参与者通常表现出三种社交动态：

1. 从收集的知识和经验中构建新知识。
2. 共享新知识的意义。
3. 内化新知识，完成转变。

在第 10 章，我们将讨论“玩”，尤其是“认真玩”。同时，我们还将阐明如何使刻意发挥想象力成为“玩”不可或缺的一部分。

第 10 章

“玩”，重在过程

在第 3 章，我们简要讨论了乐高工作法中“认真玩”的定义。本章将从两方面对这一定义展开更深层次的探讨：深入研究“玩”的益处和目的；深入探讨我们如何在“乐高认真玩”工作坊中实现“认真玩”的诸多特征。

玩的益处

我们曾在第 3 章提及，约翰 · 赫伊津哈认为“玩”应该包含 4 个特征：

1. 玩家能够全身心参与其中。
2. 能够充分调动玩家的内在动机。
3. 包含不确定性或惊喜。
4. 涉及某些幻想或夸张成分。[1]

工作重在成果，而玩重在过程。应用乐高工作法的目的，在于让组织能够更快地获得成果，包括打造更好的企业。我们需要谨记在心的是，玩并非在浪费时间，它不仅能够发挥很大作用，还能为玩家带来诸多好处。

首先，从生物学层面来说，玩能够促进大脑发育。这其实是一个双向过程，大脑塑造玩的方式，而玩也会反过来影响大脑。随着玩耍活动越来越复杂，大脑中新的神经网络就需要参与其中，来处理这种复杂性。美国国家玩耍研究院创始人斯图尔特·布朗是研究玩耍领域的领军人物，他曾以一句简洁有力的话概括了玩的作用："玩就像是促进大脑成长的肥料，不玩才是真傻。"[2]

其次，从社交层面来说，玩有助于调整人的情绪反应模式，使人能够更好地应对意外事件或模糊的状况。玩能够通过提升个体的应对技能，完善个体的社交能力，使个体为应对意外情况做好准备。在玩的过程中，你可以扮演不同的角色，与他人合作，或是展开争论。你可以探索、挑战、反驳，以及与他人达成一致。许多父母，尤其是男孩们的父母，都熟悉"打斗游戏"。许多研究人员认为，"打斗游戏"对于培养包括如何处理冲突等社交技能而言，是必不可少的。玩使人们充满活力，使人们得以挑战新极限、发现新可能。布朗再次很好地概括了这一点："玩让我们以轻松超脱的方式去面对矛盾、模糊的状况和宿命论，玩也是滋养信任、共情、关怀以及分享等行为的根基。"[3]

最后，从学习与发展层面来说，玩能够考验我们的能力、磨炼我们的技能。此外，我们通过玩所习得的知识和技能，往往更加深刻，从而形成更加牢固的记忆。在玩耍时，我们可以放心大胆地冒险，去尽情想象在现实中无法想象之物，去大胆实现看似无法实现的事情。正如布朗所说:“当我们不再玩耍时，我们就停止了发展，此时，熵定律将发挥作用，导致一切开始瓦解。”[4]

玩，更深层次的意义

怀特布雷德和巴西利奥是来自剑桥大学的研究人员。他们指出:“玩是人类社会中普遍存在的现象，在我们所知道的各种文化中，所有小孩子都会玩耍。并且有大量来自考古学和历史上的证据表明，人类自出现以来就一直如此。”[5]

怀特布雷德和巴西利奥还指出，成人不仅支持孩子玩耍，而且自己会参与玩耍。每个人都知道怎么玩，也知道玩会带来怎样的感受，但是，若要针对玩、何谓玩、玩能发挥何种作用等给出具体的定义，他们又会有些难以明状的感觉。[6]接下来，我们将引入一些关于玩的见解和发现，来使我们获得更深刻的理解。

玩涉及以下特征和要素。第一，通常来说，“玩”具有鲜明的文化、时间和空间特征，具体包括以下几点。玩的特征进一步决定了在哪里玩、何时玩、如何玩。

- 自由（玩家不一定要玩）。
- 间隔（上文中提及的时间特征）。
- 不以成果为导向（玩的目的不是获得成果）。
- 规则（能够帮助玩家将“现实”或“正常状态”暂时抛诸脑后）。
- 虚构性（对“玩不同于现实生活”这一观念的认知）。

第二，玩家通过玩来探索并表达他在现实生活中的经历。比如，儿童就经常会玩一些和他近期经历相关的游戏。在第 2 章介绍乐高积木时，我们曾指出，儿童经常搭建一些和他们最近经历相关的模型。在电子游戏领域，我们也观察到，《我的世界》游戏的儿童玩家同样会在虚拟世界中复制他们的现实生活。

第三，我们通常能将玩分为多种类型，如身体活动类、实物玩具类、象征性游戏、角色扮演类和既定规则类。在此基础上，乐高工作法中增加了一个新的类别——“认真玩”。

首先要界定的为，玩是一种转变性的力量。每个人在童年时期就凭着直觉使用这种力量，自然也理应在成年后继续使用这种力量。人类持续玩要的年龄，天生就远远超过了其他物种。怀特布雷德和巴西利奥认为，人类“之所以拥有惊人的创造力和解决问题的能力，正是得益于思维的灵活性”。[7] 将持续玩要的年龄延长至成年时期，正是人们拥有灵活思维的基础。遗憾的是，我们还观察到，虽然人类爱玩的天性不会随着成长而消失，但成年人往往会忽略或压抑这种天性，刻意不去使用这种转变性的力量。

玩介于现实与虚构之间，玩既是又不是它所表现出来的状态，这听起来似乎非常矛盾。并且，与现实不同，玩可以随时结束。换言之，玩家可以随时退出或重新进入玩的状态。在玩的过程中，玩家随时可以暂停下来，去办点事、打个电话、休息一下，然后再回到游戏中去。玩是一种创造性活动，它使我们能够从现实和日常生活的束缚中解放出来，因此，它是一种超越理性的活动。前文提及的约翰·赫伊津哈还曾指出，由于玩超越了理性的限制，所以人类才能变得如此理性。

这种晦暗模糊的性质使玩成为一把双刃剑：虽然它能够促进玩家的发展，然而它同样会使许多成年人羞于玩耍。他们会想：成年人怎么能允许自己在现实与虚构之间的状态中浪费时间呢？

这的确是玩的矛盾之处。然而，我们并不认为利用工作时间来玩是一件奢侈的事情。玩并非在浪费时间，因此，在办公场合禁止玩耍是不合情理的。与之相反，我们应鼓励员工在办公场合玩耍，而最佳方式正是通过乐高工作法来开展“认真玩”。

将“认真玩”应用于工作坊

我们在前文中强调了玩的三大益处，它们能使参与者在“乐高认真玩”流程中获得更好的体验和成果。由于这些益处是通过该方法中“认真玩”的文化、时间和空间特征得以实现的，因此接下来，我们将对其进行重点介绍。

“乐高认真玩”工作坊是刻意发挥集体想象力的会议

如果要将某次会议视为“乐高认真玩”工作坊，那需要明确以下三点：①团队为什么要开会（会议目的）；②谁将参加会议（会议的参与者）；③在何时何地开会（会议的时间和地点）。此类事项均不可随意决定。

第一，会议具有一定的目的性，就意味着它不是偶然发生的，而是团队成员有计划、有目的地聚在一起开会。他们知道自己想要解决的问题，也清楚挑战的性质，只是尚未找到合适的解决方案。因此，他们需要发挥各自的想象力，去发现“尚未存在的事物”，预演各种情景，从而找到具有可行性的解决方案。

我们在第 9 章已经阐述过，想象力具体可以分为描述型、创造型和挑战型三种。在“乐高认真玩”工作坊中，参与者需要刻意运用这三种想象力。在工作坊期间，关于具体应发挥何种想象力并不会得到明确说明，但在工作坊开始之前，所有参与者都必须明确一点：要达成工作坊的目的，就必须针对事先决定好的特定主题发挥他们的想象力。

一个清晰明确并能调动参与者积极性的“工作坊目的”，将能使他们在“乐高认真玩”工作坊中的注意力更加集中。人类大脑前额叶皮质的功能之一，就是使人们将注意力集中在长期目标和计划上。因此，为了使参与者能更加集中注意力，工作坊必须明确目标是什么，以及该目标是如何与个人或组织的长期目标保持一致的。

第二，明确工作坊的参与者是谁。乐高工作法基于两个假设：其一，每个人都能够做好，并且也愿意做好；其二，通过工作坊定能找到解决方案。引导师在工作坊中的作用在于引导参与者，而非为他们提供解决方案。因此，参与者必须囊括所有与解决方案相关的组织成员，这一点至关重要。与解决方案相关，就意味着与当前情况或问题相关。因此，“乐高认真玩”工作坊的参与者，必须是那些需要破除惯性思维、需要解锁潜力和知识，并需要利用工作坊的结果来做出更好决策的组织成员。

参与者不仅需要与解决方案切实相关，还需要能够发自内心地愿意参与到寻找解决方案的过程中来。玩，包括“认真玩”，都是受人的内在动机驱动的。如果一开始，参与者对利用乐高工作法来解决问题是否合适有所质疑，那也无可厚非；但是，对于工作坊所讨论的问题是否值得团队成员耗费心力去寻求解决方案，参与者则不应持任何怀疑态度。

要想让乐高工作法奏效，就必须认真设计会议室的布置，明确安排好时间和节奏。对于乐高工作法能否调动参与者的积极性，这些元素都起着关键性作用。因此，工作坊召开前的准备工作包括：找到大小合适的会议桌、舒适的椅子，并确保当参与者需要集中注意力时不会受到其他活动的干扰。

工作坊的目的在于做好准备、深入探索，而非实际执行

我们在本书中一再强调，玩重在过程，而工作重在成果。这句话言简意赅地强调了，玩的目的在于寻得解决方案，而工作的目的则在于将解决方案投入使用，即工作通常是指落实或执行某项计划。这同样导致了一种矛盾的状况，即参与者通过“乐高认真玩”工作坊所得到的成果即便十分具体，它也只是一种准备工作，这意味着，参与者需要以此为基础来进一步制订更好的执行方案，打造更优质的企业。图 10–1 对这一过程进行了形象的说明。

图 10–1　乐高工作法的目标始终在于获得更多新见解、信心、组织承诺

乐高工作法以提问、构建、分享和反思 4 个步骤为核心流程，来使参与者获得对所提问题的新见解，这便是深入探索的第一部分。接下来在第二部分中，当该方法帮助个体解锁了新见解，并且让所有参与者倾听了他人的新见解之后，就能让他们展开更深层次的探索和试验，找到一个使他们充满信心的解决方案。由于新见解已经转化成全体成员的共识，这无疑会使他们全身心投入其中，实现组织承诺。这就意味着，当他们在制定决策、实施计划时，即便不受监管，他们也会尽全力将决策和计划落实到位。

比如，参与者可能会通过乐高工作法构建出新的商业模式或形成新的企业愿景，但获得这些并不意味着企业已然变得更优质了。它们只是团队成员对于如何制定下一步决策的共识。管理团队可以以此来决定如何配置资源、进入哪个市场、招募哪些员工等（详见第 11 章中的案例 5）。

又比如，某场“乐高认真玩”工作坊针对某个新的建筑项目，邀请所有的工程参与方一起展开了探讨。通过工作坊，建筑师和工程师将会达成共识，并形成一份详尽的设计概要，但这份设计概要并不是设计蓝图。因此，工作坊的成果只在于指导工程参与方做出后续的决策，并促使他们全力投入项目中去。再比如，某团队通过“乐高认真玩”工作坊形成了某款新产品的客户价值主张，但它同样不是新产品本身。

由于参与者无须在工作坊中直接生产或执行最终的成果，因此他们就不会感到有任何压力，这使他们能够以一种放松投入的心态、带着浓厚的兴趣参与到工作坊中去，从而提高了最终成果的质量。

让我们回顾一下本书第 4 章所提及的“从起点迈向目标时可能出现的三种路径”，我们将在第 11 章再次提到。你可能还记得，其中“第三种路径”是如何帮助参与者在最短时间内达成目标的（模型中的 B）。这条路径纵然曲折，但耗时最短，因为参与者虽然始终将理想状态牢记于心，但他们并不需要在工作坊中直接将理想状态变成现实，也就是说，他们无须直接生产出结果。如此一来，他们便能够在没有压力的情况下展开探索、实验和测试。这进一步意味着，该过程具有反脆弱的特点。作家兼学者纳西姆·尼古拉斯·塔勒布（Nassim Nicholas Taleb）将“反脆弱性”（antifragility）定义为事物因经受考验、挑战和挫折而变得越来越强的特性。[8] 因此，通过玩的方式来创建答案，不仅能够使参与者探索更多可能性，还能迫使他们以玩的方式对彼此的答案进行挑战或质疑。

随着“乐高认真玩”工作坊进入形成最终成果的阶段，参与者可能需要集体创建全景模型、搭建共享模型，或是预演突发状况等。即便进入该阶段，参与者仍处于“认真玩”状态。不论是使用技术 3 将参与者各自搭建的模型连接起来，还是使用技术 2 来集体搭建共享模型，抑或是使用技术 6 来探索系统面对突发事件时将作何反应等，这些都不是决策，而是参与者在利用想象力创造新知识的过程。当参与者抵达一个新的状态，并形成了最终成果时，也就意味着乐高工作法的过程宣告结束，参与者此时可以将成果以书面形式记录下来。你可能还记得，本书第 3 章曾介绍过“预算”的示例。当预算过程完成后，参与者同样必须将过程中所得出的结论详细记录下来，以用于制定后续的决策。与此类似，当参与者搭建好能够展现企业新愿景的共享模型时，就可以将成果记录下来，并将其应用到后续的决策制定过程中去。

图 10–2 展示了记录工作坊成果的第一步。图中的照片记录了该组织理想身份中所包含的关键要素。此外，组织还可能会采取措施来对这些内容进行提升、强化或调整。

当团队成员在参与工作坊时，由于他们无须面对直接生产或执行最终成果的压力，因此他们能够以一种放松的心态去想象“尚未存在的事物”，去探索、实验和测试各种解决方案。如此一来，他们便能对某一解决方案达成共识，并能决定一个有利于制定未来决策的流程。

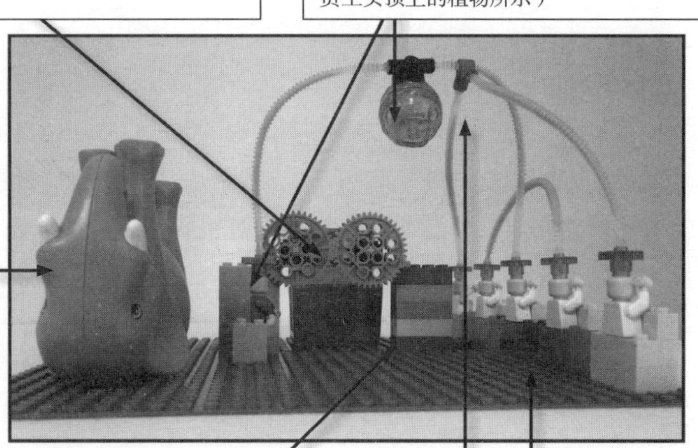

图 10–2　一种记录和沟通“乐高认真玩”成果的方式

工作坊遵循一套特定的规则或语言

为了为参与者营造一个安全的玩的空间，以支持“乐高认真玩”工作坊的整个流程，在工作坊开始之前，引导师往往需要阐明一套非常具体的规则。其中，部分规则是乐高工作法所特有的，我们在第 5 章介绍“乐高认真玩”规范时已经说明过；其他则是大众公认的引导规则。

规则 1：引导师所提的问题，并不存在唯一正确的答案。在工作坊开始之前，全体参与者必须清楚并接受工作坊的开展方式：接下来将由一名引导师引导整个会议流程、提出某个经过精心设计的问题。在工作坊之外，该引导师可能并没有特殊的权力、地位或资历，甚至在多数情况下，他都并非公司内部成员，但是整个工作坊的开展方向将由他来把控。这一点关乎到工作坊的意向性：会议意向清楚明确，并且参与者相信引导师能把控好方向。也就是说，参与者不应质疑引导师的地位及其提问的权利，而应相信他的引导流程能让工作坊取得理想的效果，并使自己全身心投入到对答案的探索中去。

规则 2：所有参与者都必须参与搭建和共享。“乐高认真玩”工作坊要求所有参与者必须全程参与。这不仅意味着工作坊中不允许任何参与者只观看不动手，还意味着每个人都必须以构建乐高模型的方式来回答引导师所提出的问题。

规则 3：意义包含于模型之中，而模型和故事均属于其构建者。这意味着，不存在任何错误的构建方式。虽然参与者在创建全景模型以及搭建共享模型时，会进一步拥有共享模型的所有权，但这些都必须以个人搭建的模型为基础。对于参与者而言，这项规则并不难遵守，但它所包含的限制，它往往会让参与者觉得更有挑战性。换言之，如果“意义即模型”，那么在共享时，他们只能分享模型中包含的意义。因此，参与者在发言时既不能离题，也不能天马行空，亦不能炒冷饭。如果他们所表达的内容不存在于模型之中，那就到此为止，无须再讲。这种方式不仅能让参与者在情感上投入故事分享的过程中，还能保证故事内容新颖简洁。

规则 4：可以针对模型提问，但不可质疑搭建者。参与者既无权解释他人的答案，也无权声称别人的答案是错误的。他们可以持有不同意见，然后通过自己的模型表达出来，或者针对模型提出问题，这意味着他们不可以直接质问搭建者，而只是针对每个人都能直观地看到的模型来提问。通过这种方式，就保证了“认真玩”的过程能够全程围绕工作坊的主题来开展，避免了人际关系中的矛盾和冲突。

在某场工作坊中，规则 4 的确帮助参与者达成了一致的意见，从而使整个团队得以向前迈进。该工作坊的参与者是一支高管团队，工作坊以制定新的企业愿景为目的。在这支高管团队中，不仅有一名刚从外部“空降”来的首席执行官，还有至少三名在此之前有望成为首席执行官的人选。整间会议室都充斥着一种心照不宣的消极氛围，但“仅针对模型提问”这一规则，使得整个团队将注意力集中在工作坊中所讨论的内容上，而没有去关注讨论者本身。

当某名参与者分享完故事之后，引导师将演示“针对模型提问”的相关技巧，并帮助参与者参与提问（即核心流程的第四步——反思）。

规则 5：关闭手机。与其他类型的玩一样，“认真玩”同样需要避免外界的一切干扰，从而使参与者全身心投入其中。通常来说，在工作或娱乐时，人们不能完全切断与外界的联系。但是在玩时，尤其是“认真玩”时，摒除外界的干扰至关重要。

第二部分的主题包括构建知识、脑神经科学、心流、想象力和玩，它们对于乐高工作法都是不可或缺的基石。如前所述，其中一些理论在较早期就成了乐高工作法的基础，还有一些理论随着乐高工作法的发展和应用而出现并不断变得更加清晰明朗。现在，我们已经对这些内容做了相当详细的描述，接下来，我们将讨论乐高工作法在全世界各组织中的实际应用，尤其是在乐高集团中的应用方式。这将是本书第三部分的重点。

BUILDING A BETTER BUSINESS USING THE LEGO® SERIOUS PLAY® METHOD

第三部分

乐高工作法的实际应用

导读

第三部分将进一步探讨乐高工作法是如何应用于企业、团队和个人发展的，以及应用于哪些方面。

首先，我们将探讨组织通常在面临哪些类型的挑战时会用到乐高工作法。我们将提供一组具体的案例，以此说明该方法在不同行业和文化中具体用于解决何种问题。

其次，我们将阐述，我们是如何在乐高集团内部用该方法来打造一家更优质的企业的。

我们之所以挑选这些案例，是为了让你对乐高工作法的广泛适用性有一定程度的认识。

虽然该方法是为了打造更优质的企业而开发的，但它同样适用于解决商业领域以外的问题。我们也将简要介绍该方法在其他领域的实际应用，尤其是它在教育领域（从小学教育至高管项目）的应用。

最后，我们将结合这些章节中的观点，来深入思考“乐高认真玩”工作坊的设计，并总结如何利用该方法来帮组织和个人突破界限。

第 11 章

乐高工作法在企业中的实际应用

我们曾使用“汽车”作为乐高工作法的隐喻，并提到我们可以将其视为各种类型的汽车：小型汽车、全轮驱动汽车、豪华轿车等。接下来，我们将分享一些案例，这些案例中的企业、团队和个人都决定开着乐高工作法这辆车去“旅行”。我们还将介绍他们想通过该方法达到什么目的，以及他们为什么选择使用该方法。

乐高工作法的 4 个鸟瞰镜头

在本章，我们主要分析真实案例，这些案例来自各行各业的企业、非营利组织和政府机构。我们将与你分享我们这 12 年来累积的见解。首先，我们将介绍 4 种“鸟瞰镜头”，来帮助你观察组织如何应用乐高工作法发展其业务、团队和成员。其次，我们将介绍一些实际案例，并对一些关于乐高工作法实际应用的误解做出澄清。我们希望读者在阅读完本书之后，能消除此类误解。

鸟瞰镜头 1：
市场应用乐高工作法来促使人们全力投入

应用乐高工作法，就是为了打造更优质的企业、更优秀的团队以及更有能力的个人。我们在第一部分指出，组织需要打破 20/80 会议模式、解锁新知识并破除惯性思维，该过程如图 11–1 所示。

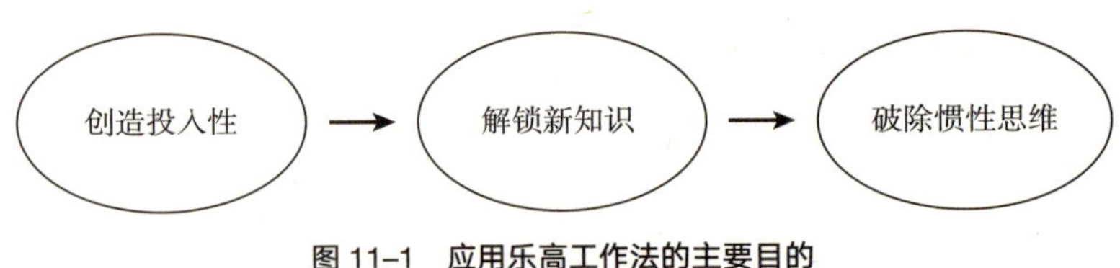

图 11–1　应用乐高工作法的主要目的

如前所述，这些需求对企业而言已是老生常谈。但是，由于市场竞争越来越激烈，加上客户和员工的要求越来越复杂多变，因此，上述三个需求的满足标准也随之变得越来越高。如今，仅仅让组织中的专家全身心投入、解锁知识和破除惯性思维是不够的，还必须让组织中的每个人都参与到此过程中来。乐高工作法之所以能够吸引人们成为其用户，正是因为它具有打破 20/80 会议模式、激活 100/100 参与度的能力。它使所有人都全力投入会议中来，为实现真正的可持续发展而自我燃烧。

图 11–2 展现了会议中两种截然相反的互动模式。左图展现的是“乐高认真玩”工作坊典型的会议情形：参与者都非常积极活跃，他们全力投入其中并做出贡献。右图展现的是常见的普通会议的情形：一名发言者站在会议室前面的活动白板旁边，手握马克笔，掌控着整个会议；而会议室中的其他与会者则心不在焉，处于一种被动消

极的状态，甚至很有可能感到无聊。

使用乐高工作法，能给组织带来“全员全力投入的会议”。这样的会议意味着更积极的参与、更多的新见解、更丰富的知识、更高的参与度，最终会带来更全力以赴和更快速的实施。

图 11–2　一场全员全力投入的会议（左）和一场多数人心不在焉的会议（右）

鸟瞰镜头 2：
市场应用乐高工作法来为企业、团队和个人的发展服务

我们不妨来回顾一下本书第 4 章展示过的模型，如图 11–3 所示。

个人发展包括个人的冲突解决技巧、进行职业规划、对身份理解给出反馈，以及培养同行评议沟通技巧等。团队发展不只是指团队建设，它的目标是帮助员工解决问题，从而打造更优秀、更高效的团队。因此，它的重点在于个体的团队成员身份和团队的愿景、目标、优势、责任、流程、文化和精神，以及提高团队绩效的策略。

无论是专门针对个人发展还是团队发展而应用乐高工作法，都属于企业发展的范畴，其中较为常见的有组织发展、业务和产品开发、战略规划、创新、变革和变革管理、并购、教育和研究。在图 11–3 的模型中，三个椭圆之间有着一定的层次结构，这种排序和重叠具有一定的意义。企业发展覆盖于其他两个椭圆之上，然后是团队发展，最后是个人发展。这种层次结构意味着，乐高工作法最常用于企业发展，而由于该方法本身的性质，所以会使团队和个人在企业发展的同时也获得一定的发展。

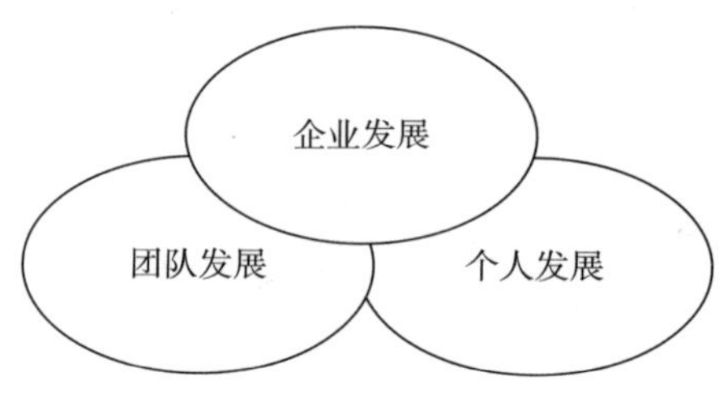

图 11–3　企业发展、团队发展和个人发展

鸟瞰镜头 3：
市场应用乐高工作法来应对复杂多变的挑战

我们所说的“复杂”，是指组织所面临的挑战不仅涉及多方利益，同时还处于一个具有一定程度不可预测性的动态环境之中。因此，如图 11–4 中第一种路径所示，从 A 以直线方式移动至 B 是不可能实现的，我们在第 4 章也提到了这一点。

那些决定开始采用乐高工作法的组织和管理者往往对此深有体会。在此之前，他们以为只要制订一份详细的计划，就足以应付各种复杂挑战，从而能够沿着一条可预测的笔直路径从 A 抵达 B。然而，不久之后，他们就发现如此行事只会使他们踏上一条类似于图 11–4 中的第二条路径，与他们预想的第一条路径可谓是大相径庭。在这条路径上，各个箭头均指向不同的方向，因此如果踏上这条路径，通常意味着组织可能永远也无法抵达目标状态 B。

更糟糕的是，还有一些组织试图通过重新制订一份类似的计划来对此进行调整，可想而知，此类计划也往往以失败告终。据某些有类似经历的人称，此类计划往往使组织陷入混乱的泥沼：不停地重复同一件事，并期望得到不同的结果。与此不同，有些管理者可能会决定采用乐高工作法，沿着第三条路径，在面对挑战时将复杂性和不可预测性考虑在内。这表示他们能够认识到，从 A 抵达 B 将会是一个曲折的过程，并且只有提高全员参与度、解锁每个人的知识、破除每个人的惯性思维，才能成功抵达 B。一旦上述种种条件都得以满足，团队和组织就能在面对复杂问题和挑战时，找准方向、找对方法。

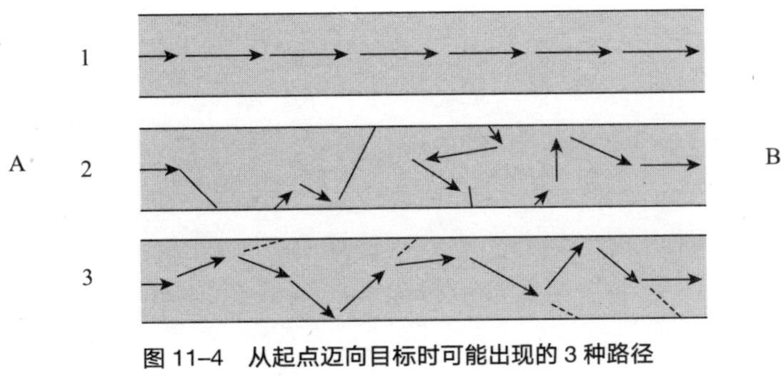

图 11–4 从起点迈向目标时可能出现的 3 种路径

鸟瞰镜头 4：
市场应用乐高工作法来桥接多样性

乐高工作法拥有无数训练有素、业务熟练的引导师，他们和该方法的用户遍布世界各地和各行各业。无论是在不同文化之中，还是在不同文化之间，该方法均适用。世界各大洲都已存在使用该方法的案例，大至日本东京的电子巨头、美国的大型咨询公司、丹麦哥本哈根的临终安养院、缅甸的非政府组织，小至新西兰的有机农场主、东帝汶的小牛饲养主，均在此之列。

通常来说，人们在职位、年龄、语言、文化、受教育程度、能力和背景等方面的差异，会成为团队开展有效合作和发展业务的障碍。然而，乐高工作法的应用经验表明，它不仅超越了这些差异所带来的局限，甚至将这些差异和多样性转化成了团队的优势。

如果我们观察那些应用了乐高工作法的行业和组织，就会发现类似的情形。不仅各行各业、大大小小的企业热衷于使用该方法，以盈利为目的的企业、非营利组织和政府机构同样如此。我们还在高等教育领域发现了它的许多用户。

乐高工作法的 18 个商业应用

接下来，我们将介绍一些利用乐高工作法进行干预的案例。部分案例是我们自己设计和引导的，还有部分案例则是由我们培训并认证的引导师所设计和引导的。表 11–1 给出了本书所列案例的概览，括号中显示的是案例的序号或其所在的章节。

表 11–1　案例概览

	大型企业	中小型企业	政府组织	非营利性组织
企业发展	制药公司建立新的生产基地（案例 1） 为一家跨国化工公司的战略业务部门创建价值主张（案例 2） 展示空间的概念开发（案例 3）	建筑公司所有权转移（案例 4） 制定互联网零售战略（案例 5） 互联网初创公司如何开发商业模式（第 1 章中的案例研究）	政府部门的未来规划（案例 6） 多方利益相关者联盟的项目启动（案例 7）	战略合作伙伴关系发展（案例 8）
团队发展	在全球服务中心打造一支变革型领导团队（案例 9） 矿业公司的全球营销团队（案例 10）	改善团队的虚拟沟通方式（案例 11）	大使馆的团队工作坊（案例 12）	打造疗养院的最佳领导团队（案例 13）
个人发展	发展战略思维能力（案例 14） 个人职业发展规划（案例 15）	中型制药公司的人才培养（案例 16）	帮助人们重返职场（案例 17）	肌营养不良症协会，定义美好生活（案例 18）

案例 1：制药公司建立新的生产基地

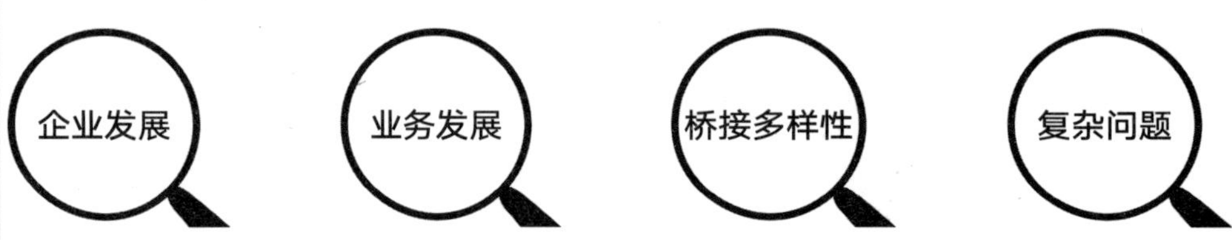

背景：总部位于斯堪的纳维亚的一家国际制药公司计划斥资 2 亿美元，在南美洲建造一个新的生产基地。它将会成为公司有史以来规模最大的生产基地，是现有基地规模的 2~3 倍。此外，该公司还需要以前所未有的速度完成建造、投入使用。

议题：该公司面临的挑战包括：①部分领导者需要举家迁往新的生产基地，并在那里驻留 2~3 年以监督该项目的进展，为此，公司需要为他们制定共同战略；②将总部的目标与南美洲团队成员的知识和见解整合到一起；③从个人生活和职场工作两个层面加以考虑，将受到指派的领导者们组成一支团队。

乐高工作法提供协助：为了解决上述问题，该公司召开了为期两天的战略工作坊。参与者由总部员工、即将外派的领导者以及南美洲当地的领导者组成，整场会议由两名引导师负责引导。

结果： 通过“乐高认真玩”工作坊，参与者理解了该项目对整个公司系统造成的影响。同时，工作坊还使团队成员认识到了他们在此之前并未认识到的潜在问题。最终，生产基地在预算范围内按时完工。此外，在召开这次工作坊之前，公司从未考虑过外派人员的家属将如何适应海外生活，这导致在之前类似的情形中，外派人员的家属通常都非常不满。因此，该公司决定再次利用乐高工作法，并邀请外派人员及其家属参与进来。得益于此，外派人员的家属们很愉快地适应了新家，并结交了许多新朋友。

乐高工作法实践

BUILDING A BETTER BUSINESS
USING THE LEGO® SERIOUS PLAY® METHOD

案例 2：为一家跨国化工公司的战略业务部门创建价值主张

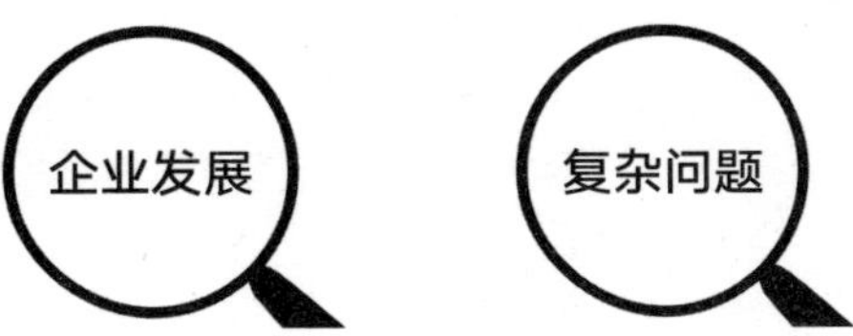

背景： 一家知名跨国公司的业务遍及全球并涉及多个行业，拥有 10 多

万名员工和 300 多个生产基地，并且年销售额超过 600 亿欧元。

议题：该公司正在开展一项变革措施，目的是让工程师和战略业务部门的负责人减少对产品功能的关注，而将注意力更多地放在为客户提供的价值上。由于公司一直以来都致力于提供优质的产品，所以大多数部门中都形成了浓厚的工程文化，而非以客户为中心的文化。

乐高工作法提供协助：工作坊分为多个场次，穿插于另一个更大的流程之中。每场工作坊持续一天，参与者包括来自战略业务部门的管理团队和主管工程师。

首先，他们构建了战略业务部门组织身份的模型。其次，他们将客户需求模型纳入其中，一起构建了共享领域（即技术 3）。最后，他们构建了一个关于价值主张的共享模型和故事。

结果：该团队带着一个乐高模型、一份故事录音，以及一份关于价值主张的书面形式记录满载而归，这使整个团队顺利将关注点从“产品特色”转向了“为客户提供价值”。

案例 3：展示空间的概念开发

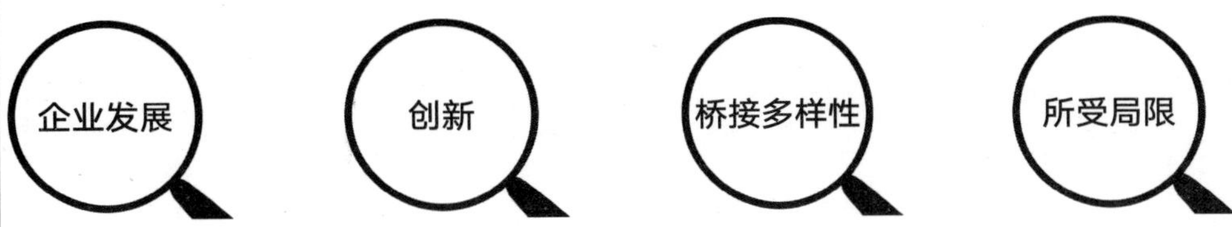

背景：2011 年 10 月，日本的日立电子服务有限公司和日立信息系统有限公司合并成为一家信息技术服务公司——日立系统有限公司。新公司成立后，来自之前两家公司的员工立刻组成了一个团队。该团队的主要目的，是改变他们以前在三田市（Mita）总办事处所使用的“传统展厅”，转而在大崎市打造一个新的“整合空间”。他们希望新的空间布置能让客户和员工在更加开放和舒适的环境中举办会议、工作坊和其他活动。

议题：团队必须在 2012 年夏季之前落实新的空间概念。如果他们顺利完成了概念开发，那么对于新公司而言，这将成为两家公司的员工合作成功的标志。团队成员希望能够加快项目进度，并希望开发出来的空间概念能够更加鲜明。这意味着，他们需要对空间识别（Space Identity，简称 SI）有一个更加清楚的认识，并能表达出新空间将如何给人们带来惊喜和深刻印象。

乐高工作法提供协助：一个由 12～15 人组成的团队在东京举办了为期一天的工作坊。工作坊由两名引导师引导，他们将团队分成了三组。每名参与者都要根据自己对“惊喜”和“深刻印象”的理解，搭建出一个关于空间识别的乐高模型。然后，他们通过整合各自构建的模型和故事，集体构建了关于“未来整合空间”的概念。随后，各组都介绍了其关于未来空间的概念，并确定了构成整个概念的关键价值主张。公司记录了整个工作坊的过程和成果，并在接下来的几个月中根据该成果完成了对实际空间的设计。

结果：新的整合空间已于 2012 年夏季开放，正是来自“乐高认真玩”工作坊的反馈使其达到了理想效果。

正如一名项目经理所述："工作坊为我们提供了我们所需的创意和理念，使我们得以形成具体的概念，并将之传达给承包商和设计师。在工作坊期间，两家公司的项目团队成员都表现出了对彼此的尊重，并给予了彼此足够的时间去表达想法。这意味着，虽然我们来自两家不同的公司，但我们仍然能够齐心协力，全力投入落实在工作坊中所得出的成果，完成对该整合空间的建造。"

案例 4：建筑公司所有权转移

背景：美国一家大型建筑公司的创始人精心培养出了两名资深建筑师并教会了他们如何管理公司，之后将公司的控制权交给了他们。

议题：两名新任领导者认为，为了适应不断变化的市场需求和日益激烈的竞争，公司的企业文化需要进行根本性变革。过去，创始人独立承担各项重任，包括获取新客户、领导项目设计和管理公司等。如今，新任领导者认为，公司应形成以市场为中心的共享领导企业文化。

乐高工作法提供协助：引导师与新任领导者共同设计了一场为期一天的工作坊，目的是找出公司过去存在的一些问题和弊端，以便使如今的公司能够不再沿用创始人所建立的文化规则。他们还希望培养出 9 名新的领导者，并开始设计和执行以市场为导向的共享领导企业文化。

结果：工作坊使得所有参与者能够以全新的目光看待彼此。通过开展工作坊，两名现任领导者评估了9名新晋领导者的兴趣和动机所在，而这些领导者之间也结成了新的纽带，并在塑造公司的未来方向中发挥了不可或缺的作用。参与者在这次工作坊中所表达的集体愿望，成为该公司规划目标的基础。在工作坊期间，该团队针对设计、技术、市场营销和财务四个重点领域成立了专门的委员会。随后，这四个次级委员会成为公司内部变革计划的设计者和倡导者。这意味着，他们已然成为这份变革计划的利益相关者。

乐高工作法实践

BUILDING A BETTER BUSINESS USING THE LEGO® SERIOUS PLAY® METHOD

案例5：制定互联网零售战略

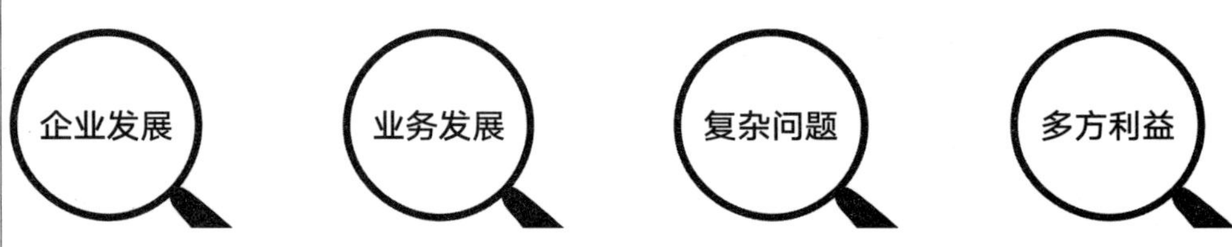

背景：本案例所涉及的公司是一家欧洲互联网零售商，也是一家家族式企业，主要销售冰箱、冰柜和电子产品。该公司以不同的品牌名称分别在三个国家经营。在过去的几年中，公司取得了显著的发展，部分是由于公司的

有机增长，部分是通过收购其他公司。

议题：公司的董事会主要由非家族成员组成。董事会给公司设定了一个明确却又难以做到的目标：5 年内实现销售额和利润翻番。在接到这一任务之后，公司所有者兼首席执行官和首席运营官决定请一名引导师来开展“乐高认真玩”工作坊。

乐高工作法提供协助：整个流程进行了 6 个多月，其中穿插了三场为期两天的战略工作坊。该流程的具体步骤如下所述。

首先，公司邀请各层级的员工开展了多场访谈，第一场工作坊在总公司的母国举行，参与者包括总公司高管和当地子公司的高管；第二场和第三场工作坊分别在另外两国的子公司中举行，参与者包括总公司的管理团队和各国管理团队的成员。

每场工作坊都遵循相同的设计：参与者先通过搭建模型的方式，来展示他们对公司当前状况、战略格局（客户和其他利益相关者以及各方之间的联系）、远景目标、重点发展领域等的理解。

其次，他们评估了模型所展示出的重点发展领域。在某一两场工作坊中，参与者还在共享领域进行了各种决策或紧急状况的预演（技术 6）。首席运营官和首席营销官组建了一支特别任务小组，并邀请引导师作为伙伴，与该小组共同探讨问题。他们对重点发展领域进行了整理、比较和评估，随后又进行了量化和分析。最终，他们决定将重点放在部分细分领域上，并对此进行了详细阐述。

最后，他们向董事会递交了报告。该小组成员和一名“乐高认真玩”引导师一起，向董事会展示了工作坊的流程和结果，并表明他们决定优先考虑三个重点发展领域。

结果：这一战略正在进入稳步实施的第二年，公司也在顺利实现其目标。第二年刚开始，公司就举办了一场为期一天的构想工作坊（非“乐高认真玩”工作坊），会议目的是构思出一些能够支持重点发展领域的短期活动。

乐高工作法实践

BUILDING A BETTER BUSINESS USING THE LEGO® SERIOUS PLAY® METHOD

案例 6：政府部门的未来规划

背景：隶属于欧洲某国社会事务部的一个部门，负责在一个两极分化极为严重的地区开展工作。该部门的任何举措都极易引起公众的注意。

议题：该部门不仅需要面对棘手任务，还需应付来自议会的两派当选政客的压力，因此，该部门希望能制造出一种火烧眉毛的紧迫感，并采取一系列强硬的措施。他们还希望能够对核心价值有清晰的认识，并希望知道如何才能变得更具适应性和弹性，以更好地迎接未来的挑战。

乐高工作法提供协助：以凯斯·万·德·黑伊登和亚当·卡亨所描述的“情景规划”（本书在第 3 章将其作为一种玩法示例）为基础，“乐高认真玩”引导师设计出了一个为期两天的工作坊。在工作坊中，参与者的目标是构建部门的核心价值，展望其前景。目标确定之后，参与者开始设想未来可能出现的极端情况，并搭建相关模型。为了更好地搭建关于未来的模型，他们首先搭建了“推动力模型”。所谓“推动力”，是指能够决定周遭世界的发展并能影响可见趋势的深层力量，这种力量往往是不可预测的，如集权程度。随后，他们从影响力和可预测性两方面，对这种推动力进行了排名。

结果：通过设想未来可能出现的极端情况，该部门得以制定出一系列行动，从而建立了稳健的战略框架。再加上该部门对其核心目标和未来愿景有了清晰的认识，从而能够始终专注于为众多弱势群体或边缘化群体提供支持。该部门不仅确保了其未来的生存发展，同时还在为特殊群体谋福祉上发挥着重要作用。

案例 7：多方利益相关者联盟的项目启动

背景：ICEMAR 项目旨在监测北冰洋海冰运动变化，将所监测到的海冰运动信息直接提供给在该水域运作的船舶。并且，该项目团队希望能将这项服务长期持续下去。

ICEMAR 项目的开发由来自六个不同国家的合作伙伴所结成的联盟负责。该联盟由康斯伯格卫星服务公司（Kongsberg Scotellite Service AS, KSAT）领导，其中既有私人企业，也有公共服务提供商。KSAT 是一家挪威卫星服务公司，同时也是世界领先的海洋监测和监视系统公司。该联盟的任务是将 ICEMAR 打造成一个一体化解决方案，使在欧洲北冰洋和波罗的海等多冰海域及其附近海域航行的船只能够更便捷地获取海冰信息。

议题：该项目的第一期由欧盟提供资金，目的是开发一个试行性海冰信息发布系统，期限很短。联盟成员既有私人组织，也有公共组织，它们分别来自不同的国家、不同的组织文化。成员中包含气象中心、软件开发商、电信服务提供商和卫星图像提供商等。

KSAT 组建了一个由 15 人组成的项目团队，他们将代表该联盟来领导开发任务。这 15 名团队成员面临着诸多挑战：成员彼此之间知之甚少；只有极少数成员知道项目的具体情况；任务不仅非常复杂，而且没有任何先例可循；各联盟成员所图的商业利益各不相同；并且，他们亟须马上投入实际工作，才能赶在截止日期之前完成任务。

乐高工作法提供协助：在该项目开始之前，团队成员举行了一场为期两天的研讨会，其中有一天半的时间在开展“乐高认真玩”工作坊。这场工作坊的目的，在于让成员对 ICEMAR 的性质和具体内容达成共识，确定团队在第一期内需要解决的问题，分清问题的轻重缓急，并以积极饱满的精神状态迎接开发任务。

结果：在一天半的时间里，团队成功实现了以下目标：

1. 确定了 ICEMAR 项目的具体内容，创建了一个共同愿景；成员们承诺整个项目将以此共同愿景为指导，直至项目完成为止。
2. 确定了在短期和长期过程中，团队需要解决的各种技术问题和流程问题，并确定了问题的优先等级。
3. 成功将一群对项目感兴趣程度不一的人，转变为一支全力投入、充满干劲并致力于实现共同目标的专家团队。

目前，该项目已成功完成，没有辜负成员们在工作坊中所做的努力。

案例 8：战略合作伙伴关系发展

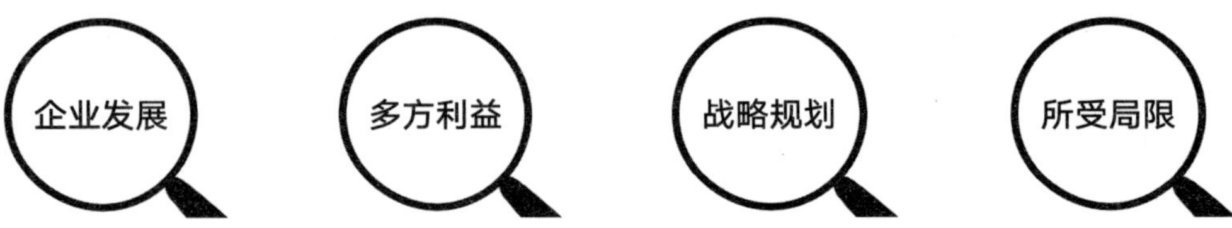

背景：FIRST 是一家国际性非营利组织，总部位于美国曼彻斯特，其使命是通过鼓励年轻人参加由教练带领的各种项目，来培养他们在科学、工程和技术等方面的能力，包括自信心、沟通能力和领导能力在内的全方位生活能力，激发他们的创新能力，从而进一步帮助他们打造成为科技领袖的梦想。

FIRST 有一个项目是针对 9～16 岁的年轻学生开展的（在美国、加拿大和墨西哥地区，学生的年龄限制在 9～14 岁）。项目要求参与者通过制造机器人来完成主题操作平台上的任务和相关研究，并以此来解决现实世界中的工程问题。这些团队在来自全球各地的成年教练的指导下，通过发挥他们的想象力，不仅发现了令人振奋的职业发展可能性，还在此过程中学会了如何为社会做出积极贡献。

由于向课堂提供教育用机器人，对于项目活动而言必不可少，因此机器人制造商也就成了该项目的主要合作伙伴之一。反过来，机器人同样是吸引企业赞助商为活动提供经费的一大亮点。

议题：FIRST 的全球招募策略十分成功，使得全世界青少年对参与该项目的兴趣高涨。到了 2008 年，该组织已经进入发展的瓶颈期。该组织刚成立时规模较小，但一个小型团队足以从各方面严格把控项目设计和实际运作等，因此也能很好地保证质量。当时该组织所举办的项目只招募当地青少年，组织规模并不适合扩展到全球范围，而如今，合作伙伴的目标却是在全球范围内开展项目，这促使该组织需要对项目的定位、目的、实施和扩展等长期发展规划进行全方位的战略讨论。因此，该组织的领导团队需要重新审视其初衷、制定未来的方向，并使所有组织成员达成共识、共同努力。

乐高工作法提供协助：来自 FIRST 和合作伙伴企业的成员共同参加了为期一天的工作坊，旨在实现以下 4 个目标：

1. 检查合作项目的现状。是否刚好合适？是否难以开展，或者进度太快？抑或是有其他状况？找准问题，对症下药。
2. 确定项目的关键，在世界各地举办的相关活动都要能把握住项目关键。
3. 清晰地描绘出未来 3~5 年的共同发展愿景。
4. 针对工作坊成果，确定相关实施步骤。

结果：工作坊圆满达成了既定目标，而且使合作双方有史以来第一次充分理解并肯定了彼此的立场。事实证明，双方对组织未来成长的期望、对如何实施规模更大的全球招募策略的想法等，都比所有人料想的要一致得多。

最终，工作坊不仅加强了双方的合作伙伴关系，还成为双方迈进新时代的起点——该计划的规模顺利从本地扩展到了全球。

乐高工作法实践

BUILDING A BETTER BUSINESS USING THE LEGO® SERIOUS PLAY® METHOD

案例 9：在全球服务中心打造一支变革型领导团队

背景：此次，我们的客户是一家全球网络和通信公司。该公司拥有三个为整个组织提供支持的全球服务中心。该公司与我们取得联系时，其设于墨西哥城的服务中心已运营了三年之久，员工人数也从三年前的 100 人增加到了 3 000 人。

议题：该服务中心正在试着从提供定制化解决方案转型成提供标准化解决方案。用该中心某个高层领导者的话说，管理层已经意识到：“推动我们发展的动力不会使我们继续保持增长。我们现在有了一定的规模，接下来，我们需要为组织创造价值，而这要通过转型来实现，哪怕我们的服务会产业化。”

因此，该服务中心的目的十分明确，即打造一支能够带领该服务中心开展变革的领导团队。

乐高工作法提供协助：我们与该领导团队的成员举办了为期一天的工作坊。13 名团队成员不仅背景各异，而且分别来自拉丁美洲不同的国家。他们首先搭建了关于自己的模型，以探索他们各自的价值观、领导才能和能力素质。随后，他们开始探索整个团队的特点、转型的障碍以及未来发展的愿景。工作坊以反思作为结尾，其间参与者深入思考了未来愿景与当前状况之间的差距，确定了实现目标所应采取的措施。

结果：该团队为自己构建了一个发展愿景，其中包括打造良好的领导力。在确定了转型的障碍（如缺乏资源、员工安于现状等），了解了他们每个人能为加速转型所做的贡献之后，他们利用这些新见解，开启了稳健转型的过程。

案例 10：矿业公司的全球营销团队

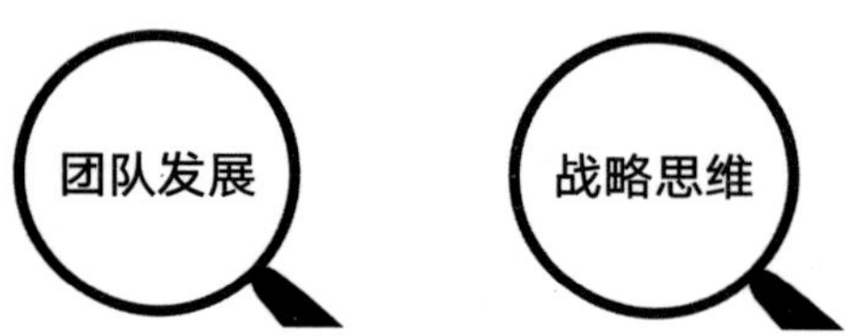

背景：欧亚自然资源（ENRC）是一家集开采、加工、能源、物流和营销业务于一体的公司。公司雏形源于 1994 年哈萨克斯坦的私有化进程，后于 2006 年正式成立，总部设于伦敦。该公司铁合金全球营销团队的总部设于苏黎世，但其团队成员分布在欧亚地区多个地点。由于 ENRC 的客户遍布世界各地，因此受全球金融危机影响较大。ENRC 的铁合金市场营销总监亚历克斯·塔特索尔（Alex Tattersall）指出，由于 2012 年挑战不断，因此他需要为团队制定 2013 年的共同目标。他们已经制定了公司战略，接下来需要员工们集中精力、团结一致。

议题：塔特索尔希望以崭新而积极的姿态迎接 2013 年的到来，他希望团队成员能够凝聚起来，并在一个开诚布公的环境中开展工作。他想通过一个流程来以新的方式管理整个业务团队，为此，他联系了两名“乐高认真玩”引导师，开展了为期一天的工作坊。正如塔特索尔所述，“我们不仅在销售部门拥有核心团队，在人力资源、IT、合规和质检等支持部门同样拥有核心团队。我们如今的目标是要让所有团队保持一致，以相同的方式思考，争取在战略清晰度、与生产基地的沟通以及领导力方面做得更好。”

乐高工作法提供协助：引导师为该公司的 15 人团队设计了一场为期一天的工作坊。工作坊没有在公司举办，而是安排在瑞士一个风景优美的地方，所有参与者都在前一天晚上抵达该地。整个团队分为两组，每组都有各自的引导师，都制定了各自的团队愿景，并阐述了需要打造何种团队才能实现公司战略所设定的目标。两组成员分享了各自的愿景，就后续行动达成了共识。在此过程中，他们还搭建了模型，以此来展示执行战略时可能会遇到的障碍。

结果：在工作坊中，塔特索尔及其团队认识到他们缺乏明确性。ENRC 业务的多样性使销售团队的成员之间难以展开有效沟通。工作坊使所有人聚到一起，让他们能够对最需要改进的地方达成共识。当工作坊结束时，他们制定出了 2013 年底的共同目标，并就“如何打造一支更优秀的团队，以更好地执行公司战略”达成了共识。

“用乐高积木来搭建实体模型，这为我们营造出一种轻松的氛围，使所有人都能齐心协力。说实话，在这种情况下，工作坊本身就令人受益匪浅。”塔特索尔说。他还总结道：“我们既认真处理了事情，同时也玩得很开心。”

案例 11：改善团队的虚拟沟通方式

背景：一家中等规模的全球通信技术公司主要围绕位于北美洲的三个远程处理中心，组织逆向物流业务。该业务团队需要负责协调全国范围内的物流运作，但团队却如一盘散沙。团队成员每年只聚在一起开两次会，而且均在不同的时区工作。

议题：要想提高效率，就必须让团队成员深刻理解彼此的关键成功因素，理解个人角色和职责将会如何影响整个团队的目标，从而进一步打造一支极具凝聚力的团队。然而，对虚拟沟通的依赖导致团队成员之间的互动变得更为复杂。

乐高工作法提供协助：领导者将团队成员聚集到一起，并与"乐高认真玩"引导师合作设计了一场工作坊，以改善团队成员之间的沟通，提高效率。工作坊确定了每个团队成员的职责、职能和所受局限，使他们认清了彼此之间的相互依存关系。此外，还让他们搭建了个人特殊优势模型和团队身份模型。通过搭建共享领域，他们认识到每个人都是整个复杂系统的一份子。在共享模型中，他们还预演了多个团队崩溃的情况，并利用他们在工作坊中所获得的新见解做出各种积极响应。此类情景预演有助于让他们了解未来应如何避免误解和无效沟通。

结果：工作坊极大地提高了团队的士气和生产力。团队领导者表示："在工作坊结束后，我们并没有停止对各种业务情景的探讨。在每一次员工会议上，团队成员都会针对一种不同的情景展开讨论，他们还要求每个季度都举行一次面对面的聚会。员工会议的重点变成了怎样才能更好地互帮互助。工作坊结束当晚的晚餐氛围与前一天晚上的有很大的不同。似乎在一夜之间，我们就成为一支极具凝聚力的团队。"

乐高工作法实践

BUILDING A BETTER BUSINESS
USING THE LEGO® SERIOUS PLAY® METHOD

案例 12：大使馆的团队工作坊

背景：该大使馆设于某拉丁美洲国家，其工作人员由当地雇员和驻外人员组成，其中有一批是新雇用的员工。大使馆以大使为首，其次就是使团负责人的副职。该使馆代表的是一个欧洲国家。

议题：某贵宾代表团将要正式访问该国，代表团中包括许多商界领袖和政要。此类访问正是大使馆大放异彩的机会。但是这同样意味着，他们需要制订详细而严格的计划。任务至关紧要，大使馆需要确保一切都能顺利进行。同时，使馆内部工作人员的文化差异和经验水平的差异，使这个挑战的难度更大。使馆需要为意料之外的情形做好充分准备，以便在此类状况发生时，能够有效地采取应对措施。

乐高工作法提供协助：引导师与整个 16 人团队开展了为期一天的工作坊。团队按照不同的日常分工分为两组。每组都有自己的引导师，其中一名来自接受国，另外一名来自派遣国。

结果：小组制定了一套简单指导原则（技术 7），以便更好地应对意外事件。这些原则将能使员工们在遇到意外事件时立刻采取行动并保持团结一致，避免陷入混乱状态。两个小组还表达了在贵宾代表团到来之前以及访问期间，他们所希望展现出的团体文化。为了制定简单指导原则，并为迎接贵宾代表团的到来做好更充分的准备，他们还预演了访问期间可能会发生的诸多事件。

案例 13：打造疗养院的最佳领导团队

背景：一座小镇里的两家疗养院刚刚合并成一家新的疗养院。新疗养院的院长是之前两家疗养院的院长之一，她组建了新的领导团队。两家疗养院原先都由当地政府经营，如今之所以合并，是为了通过规模经济实现更好的经济效益。

议题：新院长的目的非常明确，她不仅要组建一支领导团队，更要尽可能打造一支最佳领导团队。新院长希望能够立即行动起来，使两家疗养院的工作人员杜绝任何“职场站队”行为。

乐高工作法提供协助：“乐高认真玩”引导师设计了一个为期一天的工作坊，参与者搭建了关于自己的模型，其中包括他们所坚信的理念和认为自己所具有的能力等。随后，他们根据自己对“最佳领导团队应具有何种决策文化”的理解，再次搭建了模型。最后，他们通过预演各种可能会发生的情景（技术 6）对这些文化元素进行了测试。

结果：工作坊结束之后，参与者已然成了一支团队，团队成员对彼此都有了更深刻的了解，并就如何一起开展工作达成了共识。这无疑将会为新疗养院的顺利运作带来一个良好的开端。

乐高工作法实践

BUILDING A BETTER BUSINESS USING THE LEGO® SERIOUS PLAY® METHOD

案例 14：发展战略思维能力

背景：一家全球咨询公司的学习与发展部门决定制订一项领导力发展计划，该计划的重点在于让参与者认识到，若想实现最终目标，他们应掌握哪些基本素质。该计划旨在改变他们的管理风格，即从端到端的管理风格转变成以赋权、委派和战略思维为基础的领导风格。

议题：该计划的目标有 3 个：

1. 提升参与者作为项目领导的战略思维、战略沟通和战略行动能力，即发展他们的领导技能，使他们能够对着眼于何处、聚焦于什么、如何采取行动等有更精准的把握，同时将团队的日常工作交给团队成员去完成。

2. 培养参与者的创新能力，激发他们的灵感，为他们提供挑战当前思维方式的工具，让他们认识到，过去能够奏效的方法在将来未必行得通。
3. 通过提升参与者的协调引导能力、共同创造能力和咨询管理技巧，来提升他们的咨询技能，帮助他们挖掘更深层次的知识和新的价值，而非直接为他们提供解决方案或直接帮助他们采取行动。

乐高工作法提供协助：为了实现上述目标，参与者与引导师开展了为期一天半的“乐高认真玩”工作坊。在此过程中，他们确定了战略领导力的核心特征。随后，基于对未来将如何执行领导力的理解，他们还搭建了共享模型。在共享模型中，他们预演了一系列可能出现的情景，这无疑提升了他们的战略思维能力，使他们的思维水平从管理跃升至领导层面。最后，通过收集工作坊中每个模型所体现出的关键见解，参与者总结出了一套简单指导原则，以此来指导他们在工作坊结束之后的发展。以下是该简单指导原则中的几项：

1. 跳出自己的固有模式。
2. 引导开展深层次对话，而非仅仅给予回应。
3. 放慢脚步，适当歇口气。

结果：由于参与者能够更具战略性地领导团队、服务客户、管理项目，这使他们具备了胜任组织中更重要职位的能力。在第一场工作坊的 15 名参与者中，有 10 人在 6 个月之内就获得了晋升。该公司后来又举办了第二场工作坊。

案例 15：个人职业发展规划

背景：博报堂（Hakuhodo）是日本一家领先的广告和营销咨询公司，自 2007 年以来，该公司一直利用乐高工作法来加强与客户之间的协作。

议题：在大多数日本公司中，员工的晋升与他们的工作表现和资历有关。在这种情况下，员工倾向于根据公司的政策和计划来规划自己的职业发展。博报堂希望制订一项新的职业发展计划，让员工自己规划未来，并主动选择自己的职业目标。

2010 年，“乐高认真玩”引导师与博报堂大学的成员一起制订了一项独特的职业发展计划，并将乐高工作法当做重点工具。该计划的主要目标对象是日本公司的中层经理（这些公司大多数都是博报堂的客户）。同时，博报堂也希望将该计划应用于自己的员工之中。公司许多中层管理者面临着职业道路的抉择——到底是成为一名具有特定专业知识的专业人员，还是成为一名拥有自己的团队的高管，博报堂希望能够通过该计划为他们提供支持。该计划旨在激发参与者的自我驱动力，鼓励他们在规划自己的职业生涯时，将雇主的长期目标和使命纳入考虑。该计划还希望通过指导参与者采取合理步骤，来实现他们在公司内部的职业目标。

乐高工作法提供协助：博报堂大学和“乐高认真玩”引导师为完成该职业发展计划的设计进行了多次初步试验。整个职业发展计划的设计过程耗时两天半，其中“乐高认真玩”工作坊占据了一半的时间。该工作坊由来自公司外部和内部的引导师共同引导，深入探讨了以下 4 个关键点：

1. 回顾参与者的过去。
2. 想象参与者的未来。
3. 打造加速器，推动参与者迈向未来。
4. 找出阻碍参与者发展的障碍。

结果：自 2011 年以来，博报堂就已经将该计划应用于内部员工和外部客户，并将其命名为“自我创造”。该计划取得了巨大的成功，它的名字反映了一种观念，即每个员工（而不是公司）都应对自己的职业规划负责。该计划不仅为员工提供了更广泛的职业选择，还使客户公司有机会在其员工职业发展的早期阶段公开讨论他们的职业选择。

案例 16：中型制药公司的人才培养

背景： 这家欧洲中型制药公司与许多制药公司一样，近几年也深受市场变化的影响。公司的专利纷纷过期，来自市场上低成本药品和仿制药品的压力也越来越大。因此，公司的领导者打算加大人才培养力度，将培养中层管理者和其他人才纳入 2010 年的计划之中。

议题： 公司希望创建一套新的流程，以鼓励员工采取与传统不同的方法去学习。公司领导者决定利用乐高工作法来完成此项任务，为此他们挑选了一组经验丰富的引导师。公司还制定了一个时间较长的项目，并将多场工作坊穿插于该项目的流程之中。这些工作坊是流程中学习如何制定策略这一模块的主要组成部分。

乐高工作法提供协助： 我们与客户公司合作开发了一个案例，案例中的公司与客户公司既有相似之处也有足够大的区别。参与者先熟悉了案例，然后以案例中的管理团队为角色，进行了角色扮演。随后，他们开展了“乐高认真玩”工作坊，以此来制定新的策略和行动计划。

参与者基于他们对案例中公司当前状况的理解，搭建了“如今”状况的模型。随后，他们又搭建了“愿景”模型，来展示他们对案例中公司能成为什么样的公司的看法。由参与者组成的管理团队以这些单独搭建的愿景模型为基础，继而搭建了“愿景”的共享模型，并最终制订了行动计划，向由高级副总裁和执行副总裁所组成的委员会进行了展示。

结果：该项目取得了成功。在 16 名参与者中，有 15 名获得了人才评估的最高分。此后，公司决定不再将该项目局限于研发部门，而是应用到整个公司中去。

该领导力和人才开发项目的项目经理说：“在此之前，我们是以一种非常短浅的方式看待人才培养的，并没有将其与企业战略和公司的未来愿景联系起来。通过‘乐高认真玩’工作坊，我们得以非常具体地面对案例中的困境，通过处理案例中的问题，我们体验了真正的执行团队在制定和执行策略时，必须做出的艰难而复杂的选择。”

一名参与者认为乐高工作法的过程“非常有趣，是我参与过的最有意思的会议”。另一名参与者说：“整场体验实在太棒了，当涉及‘愿景’这类抽象的概念时尤其如此。此前，每当涉及此类概念，我们都会因为团队沟通不畅而体验到挫败感。‘乐高认真玩’工作坊使我们能够在讨论中时刻保持全局观和共同的主线。”还有另一名参与者也如此认为：“工作坊真的很棒，每个人都能积极参与并专注于共同的结果。不仅如此，我相信多年以后我们依然能记得我们在工作坊中所获得的成果。乐高工作法是我所体验过的最强大的工具。”

案例 17：帮助人们重返职场

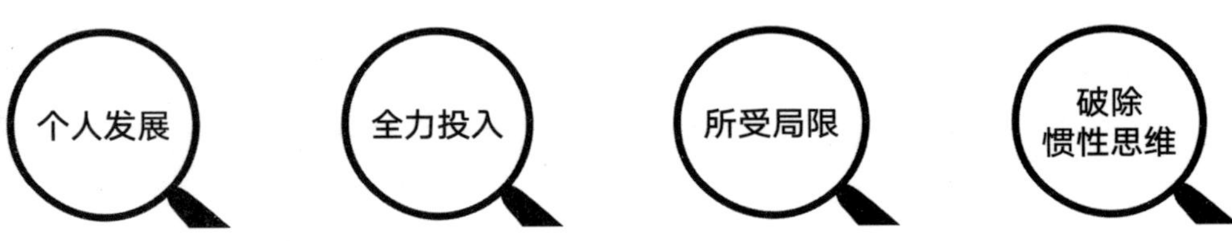

背景：政府计划通过一个项目来帮助那些因产生压力、焦虑或抑郁等相关症状而离职的员工。在多数情况下，此类病症皆由工作环境因素所引起，超出了政府的影响力或控制范围。如今，政府面临两种选择：其一是让员工返回原来的工作场所，其二是帮助他们找到新的工作，否则他们最终将失去失业救济，只能依靠社会福利救助过活，这不论是对员工本人还是政府而言，都不是理想的结果。

议题：该项目涉及的员工在个人背景、受教育程度、职业领域和动机等方面都有着相当大的差异。政府所面临的挑战是，使项目涉及的员工意识到，即使他们感觉自己之前在工作场所或职业中遭受了失败，但他们仍然有很大的潜力。使他们重获动力的方法，就是帮助他们重新挖掘自身潜力，帮助他们找到目标，振作起来，并重返职场。

乐高工作法提供协助：干预措施包括多场 1～2 小时的工作坊。工作坊以自我发现和开发新的思维方式为主题，旨在帮助员工在个人生活和工作中建立新的目标。

结果：在该项目中，乐高工作法成为一种非常有用的技巧，能够帮助人们更好地思考、沟通以及解决问题。参与者在失业的这段时间里，第一次感到自己能够以一种安全的方式来表达想法和感受。乐高积木也得以发挥它们最重要的作用——“以手启脑，重构人生”。后来，大量参与该项目的人都成功地重返职场，许多参与者认为这一切都应归功于乐高工作法。

乐高工作法实践

BUILDING A BETTER BUSINESS
USING THE LEGO® SERIOUS PLAY® METHOD

案例 18：肌营养不良症协会，定义美好生活

背景：肌营养不良症是一种影响肌肉和中枢神经系统的疾病，这种疾病无法治愈，并将逐渐使患者致残。肌营养不良症患者和患者家属于 20 世纪

70 年代初期成立了一个互助协会，该协会的目标是使患者及其家属以一种积极的态度生活，以同等资格参与社会活动。它还旨在广泛传播关于该疾病的知识，使更多的人能够了解这种疾病。

议题：不可否认，这种疾病对于患者及其家属都有着巨大的影响。在这种情况下，应该如何定义“美好生活”呢？患者及其家属怎样才能拥有“美好生活”？

乐高工作法提供协助：引导师与康复中心的团队一起，为患者及其配偶设计了为期一天的“乐高认真玩”工作坊。有些患者的看护人也参与了工作坊，对于有些严重瘫痪的患者，看护人甚至还需要帮助患者搭建模型。工作坊分为两个小组：患者一组，患者配偶或看护人一组。这种分组形式至关重要，因为在现实中患者配偶很少能够发声，也很少有机会能与有相似经历的人分享自己的感受、经历和挫败感。在为期一天的工作坊结束后，每个人都基于自己对“美好生活”的理解搭建了相关模型，探索了为拥有“美好生活”应该采取和避免的行为。

结果：对于大多数参与者而言，在经历了一天的情绪起伏之后，他们突然有了豁然开朗的感觉。许多新确诊的患者仍处于否认阶段，他们觉得要真正接受这一事实仍具有一定的挑战性，但工作坊让他们有了一种如释重负之感，让他们认识到了“美好生活”对自己可能意味着什么。患病时间较长的患者非常庆幸自己能够拥有这样一次表达内心感受、重新寻找生活意义的机会。

关于乐高工作法的 5 大误解

对于许多人来说，理解“何谓乐高工作法以及乐高工作法有何作用”并非易事。许多人对乐高品牌和乐高积木都有着一定的成见和误解。在下文中，我们总结了 5 个最常见的误解。

误解 1：它只是激发创造力和创新的工具

人们普遍认为，乐高工作法是一种与创造力和创新发展有关的方法，甚至是一种教人们如何创新的方法，这几乎成了一种偏见。然而事实绝非如此。虽然该方法对于帮助人们应对创新挑战而言能发挥极大作用，但实际上，它在创新领域的用户只占很小一部分。该方法适用的主题很多、挑战范围非常广，并且还不断地在新领域中得到应用。正如我们在本书中所述，它并不是一种教学技术。

误解 2：它只是团队建设活动

将乐高工作法视为团队建设活动的人，通常都将该方法与其他使用乐高积木的技术相混淆了。他们以为举办工作坊就是拥有一段充满乐趣的休息时间，或是做一些身体活动，以此来为举行长时间会议做准备。虽然的确有很多团队利用乐高积木来进行团队建设，并用该方法取得了不错的效果，不仅活跃了气氛，还使团队成员明白了如何更好地进行团队合作，但这些案例与乐高工作法无关，它们更类似于用意大利面搭建塔楼或桥梁等经典手工活动。

误解 3：它只适用于破冰或活跃气氛，而不适用于严肃的商业环境

这是误解 2 的另一种形式，但它对乐高积木的关注度更低，而且持有这种误解的人对结果也不抱有任何期望。持有误解 2 的人至少会期望能够通过该方法来加强团队合作。但如果持有误解 3，那人们会认为除了能从中享受点乐趣之外，再无其他。到现在我们已经阐述得很清楚了，乐高工作法绝非如此。该方法既有趣又充满挑战性，能使参与者全身心参与其中，以玩的方式去解决实际问题。

误解 4：它只适用于创新人士（因此不适合我）

如前所述，颜色鲜艳的乐高积木常常像是一把双刃剑。乐高积木的本质是玩具，这会使许多人认为乐高工作法仅适用于创意领域或创新行业的人们。然而事实远非如此。许多从事创新领域工作的人经常需要构建原型，使用实物来搭建与目标外观一致的模型，但乐高工作法是用实物来搭建抽象的新知识。这个过程并不是为了构建复杂的艺术模型，而是为了表达知识、探索人们对特定事物的理解。而且，正如我们在第 9 章所述，想象力并不是少数特殊人群才有的能力。因此，该方法对来自各个领域和团队且拥有不同教育背景的人来说都同样适用。

误解 5：乐高集团只是想扩大市场

我们已经在序言中讲过，乐高工作法的开发并非出自某个大项目，也没有配套的营销计划。但有些人仍这样认为，因此他们总想找出其中的圈套，或是质疑乐高集团在咨询领域的信誉。不过他们很快就意识到，乐高工作法并不是乐高集团的某种营销

策略或广告手段，而是一套已经帮助数千家企业提高了利润的严肃方法。

在本章，我们已经探讨了乐高工作法在各个领域的实际应用以及人们对该方法的常见误解。接下来，我们将探讨该方法在一位特殊客户——乐高集团内部是如何应用的，以及其间所遇到的各种挑战。

第 12 章

乐高工作法在乐高®集团的应用

在本章，我们将探讨乐高集团是在何时、何种场合，以及如何利用乐高工作法，来将自身打造成更优质的企业的。许多人认为，乐高工作法既然出自乐高集团，那么不论从何种层面而言，乐高集团自然而然都会是该方法的超级用户，并且该方法肯定在乐高集团起死回生的经历中发挥了关键作用。如果事实如此，那就太好了，可惜事实并非如此。不过乐高集团的确至今一直在频繁地使用该方法，并且可能是世界上使用该方法范围最广的公司之一。

在本章，我们将给出多个案例，以阐明乐高集团在组织中使用该方法的具体方式。但在此之前，我们不妨先深入了解一下，为什么乐高集团并非从一开始就是乐高工作法的超级用户，以下是 4 点原因。

1. 在乐高工作法成立初期，乐高集团正处于一个非常艰难的时期，公司首次聘用了非创始人家族的成员任首席执行官。这名首席执行官管理和制定策略的方式与历任首席执行官不同，导致乐高工作法在那段时间的发展与之前克伊尔德 · 科尔克 · 克里斯蒂安森所主张的模式缺乏连贯性。事实上，在这名首席执行官被取代之前，我们与他所领导的执行团队曾几次使用到该方法。当时，“乐高认真玩”工作坊已经清晰地展现了乐高集团将会面临的挑战。后来，当这些挑战真正来临时，差点儿让这家独立的家族企业夭折。

2. 乐高工作法从未成为乐高集团的核心业务或核心竞争力之一。该方法形成发展于乐高集团的办公大楼之外，时至今日，它的应用和推广依然存在于乐高集团之外。它等同于一项外部服务，因此，当领导者、管理者或团队希望利用该方法来发展企业或团队时，需要为此付费，有时候甚至需要支付相关积木套件的费用。对此，乐高集团内部的许多潜在用户可能有点难以接受。

3. 如前文所述，在大部分人眼中，乐高积木就是一种给孩子们玩的玩具，这种印象往往与乐高工作法相冲突。这种冲突在乐高集团内部甚至更为明显，因为乐高集团的员工对乐高积木了如指掌，他们甚至常常一看到某块积木就能说出它来自哪个模型，属于哪条生产线。“啊，这是 ×× 套件里面的，于 20×× 年推出，目标受众是 7 岁小男孩”……对于一个对乐高工作法几乎一无所知的乐高集团员工来说，将看似随机选取的积木以隐喻的方式去搭建模型，似乎不如用固定套件去搭建反映真实世界的模型（如图 12–1 所示）那般有意思，而且前者的难度更高。在乐高集团内部，有很大一部分极其擅长搭建传统乐高模型的员工，反而在以隐喻的方式搭建抽象模型（如图 12–2 所示）时感到困难重重。

4. 如我们在序言中所述，乐高工作法自形成以来，可谓是命运多舛，数次面临生存危机。乐高工作法经历了多种业务模型，并且作为乐高集团的一项业务，在很长一段时间内一直处于休眠状态。可能在某个时间点，乐高集团内部的潜在用户既难以确定乐高工作法是否可用，也无法联系到能为他们提供乐高工作法相关服务的人员。该方法业务状态的不确定性、实施的不可靠性，使得许多人尚未尝试就直接放弃了它。

图 12–1　传统乐高模型

图 12–2　通过隐喻搭建的乐高模型

虽然刚开始时乐高集团内部并没有多少人使用该方法，但自 2010 年以来，乐高工作法的应用率一直在稳步提高。这也有四方面的原因：其一，公司内部越来越多的员工认识了该方法；其二，所有员工都能轻易联系到能够提供乐高工作法相关服务的人员，并且该业务的状态已变得十分稳定；其三，公司将一大批内部员工培训为引导师；其四，乐高集团承诺将长期维护和支持乐高工作法的发展。

在表 12–1 中，我们列出了一些案例，以展示乐高集团是如何在公司内部使用该方法的。这些案例包含了近 10 年来我们在公司内部所设计和落实过的工作坊，这些工作坊的引导师既有公司内部员工，也有公司外部人员。

表 12-1　乐高工作法在乐高集团内部的应用

领导力	供应链和外包	产品和服务开发	销售和营销	支持和人事
战略： 为期两天的战略开发工作坊	愿景与使命： 部门管理团队开展了为期一天的工作坊，以确定愿景、核心身份以及他们应该为整个组织带来何种价值	部门任务： 部门全体 40 名员工开展了为期一天的工作坊，旨在使部门全员对部门的使命、部门应为组织创造的关键价值以及重要利益相关方有共同的理解	区域销售团队战略： 负责拉丁美洲的销售团队开展了为期一天的战略工作坊，重点在于制定使命和愿景、确定团队面临的主要挑战以及个人需要采取的行动	愿景和个人计划： 乐高集团财务部门的 40 名最高层领导者开展了为期两天的工作坊，目标是确定乐高集团的财务愿景，并针对此愿景制订他们的个人计划
领导力价值观： 领导团队开展了为期一天的工作坊，以探索个人价值观。工作坊的目标是让领导团队成员分享他们最重要的个人价值观，并探讨这些价值观是如何影响他们的长期行为的。最后，大家在工作坊中获得了新见解，每名成员都能够以此为基础采取一系列个人行动	文化： 团队开展了为期半天的工作坊，旨在创造最佳部门文化	虚拟团队发展： 直接面向消费者、负责消费者体验和客户关系的团队开展了一场工作坊。该团队成员既有来自总部的员工，也有来自主要市场的员工。工作坊的目标在于（几乎是从头开始）构建团队成员对彼此的责任、能力、价值观和优势的认识，以提高团队的整体合作水平和群体智慧	文化和个人行动计划： 团队开展了为期一天的工作坊，探索了现今的经营方式有哪些可取之处和不可取之处。以此理解为基础，部门确定了未来需要打造的经营文化的内涵。随后，每名参与者针对部门的目标进一步制订了个人行动计划	团队发展： 由精益专家组成的团队开展了为期一天的工作坊，目标在于使团队成员深入了解彼此，并确定有助于团队实现其愿景的文化和行为准则。参与者认识到，在与公司文化保持一致的基础上创建独特的团队文化是十分重要的。最后，每名参与者还深入思考了他们为适应新文化应该做出何种改变

续表

领导力	供应链和外包	产品和服务开发	销售和营销	支持和人事
赋权： 领导者组成的团队开展了一场工作坊，旨在完成从运营型领导者到战略型领导者的转型，并释放更多权力给下属（即赋权）。这场工作坊使第一层级和第二层级的领导者通过转型和赋权，成功打破了他们一直以来所受到的身心限制	团队发展： 团队开展了为期一天的工作坊，旨在通过克服组织、地理和文化方面的障碍来提高团队凝聚力，进一步提升团队成员的合作意愿和合作能力	战略和概念开发： 直接向消费者提供服务的团队开展了为期一天的工作坊，旨在将他们的想法和行为统一起来，在内容和流程上达成共识并付诸实践。在工作坊中，团队成员确定了未来六个月的愿景，预演了可能出现的各种情景，加强了团队精神建设，并承诺以实际行动负起每个人应负的责任	身份、愿景和战略重点： 此次为期两天的工作坊分为两部分，第一天由部门全体35名员工参加，第二天则只有领导团队成员参加。在第一天的工作坊中，全体成员就部门的核心身份以及未来两年的愿景达成了共识，并承诺为之尽力。在第二天的工作坊中，领导团队成员以前一天的结果为基础，在更大层面上探索了各种战略后果，以此来确定在未来的第一年和第二年分别以哪些目标为重点	入职培训： 乐高集团每年都会组织几次为期两天的新员工培训，乐高工作法是培训计划中必不可少的项目。新员工通常利用该方法来展示自己的兴趣、价值观、能力，以此来相互认识。同时，他们还会利用该方法来表达他们对乐高品牌价值观的认识

续表

领导力	供应链和外包	产品和服务开发	销售和营销	支持和人事
信任和尊重：参与者开展了为期两天的工作坊，旨在使彼此更加信任和尊重对方，并通过理解对方的责任和工作重心来减少冲突	健康和安全：公司在多地开展了关于安全、健康和福利的工作坊，目的在于使基层员工参与进来，为他们打造更具体的目标并确定相关行动计划，以此来提升员工的主人翁意识，更好地实现目标			探索未来：250 名分别来自公司 IT 部门和 IT 服务中心的员工开展了为期半天的工作坊。工作坊的目的在于构建 10 种未来可能会出现的情景，并探索未来的消费者和乐高集团将如何影响 IT 员工，以及他们应该采取何种准备措施才能更好地迎接挑战
	运营效率：负责长期产品规划的跨职能团队开展了为期半天的工作坊。工作坊旨在使成员针对核心目标达成共识，以提高团队的运营效率。最后，工作坊成功使团队就工作中的重要使命达成了共识			部门战略：IT 部门通过为期两天的工作坊，确定了部门的战略和愿景

表 12–1 展示了乐高工作法是如何广泛应用于乐高集团内部不同层级和各种规模的团队中的。乐高工作法的开发初衷，就是将乐高集团打造成更优质的企业。乐高集团在应用该方法时也会遇到一些特殊的问题，我们已在本章探讨了其中的原因。但即便如此，乐高集团仍选择了不断摸索，并成功在企业内部广泛应用了该方法。

在第 11 章，我们重点阐述了乐高工作法在商业领域的应用，探讨了全球范围内的各种组织是如何应用该方法的。在第 13 章，我们将探讨该方法在其他领域的应用。

第 13 章

乐高工作法在其他领域的应用

前文的大部分内容都与乐高工作法在商业领域的应用有关。虽然商业目的是推动该方法发展的主要驱动力，但这并不意味着乐高工作法的应用仅限于该领域。人们完全可以在商业领域之外的其他领域、其他情境中使用该方法。任何需要创造投入性、解锁新知识、破除惯性思维的场合，都可以使用该方法。

乐高工作法在其他领域中的应用包括：

- 小学、初中和高中教育。
- 本科和研究生教育，包括商学院。
- 作为研究中的定性访谈方法。
- 焦点小组和观察研究。
- 家庭治疗。
- 家庭生活和家庭团队建设。
- 为个人和团体提供生活指导。

- 儿童夏令营。
- 老年人退休计划。
- 作为记者的采访手段。

在上述应用方式中，人们之所以采用乐高工作法，皆是出于同一种动机，他们被该方法的独特能力所吸引，它能够将多种关键特征融合到一个实用的方法之中：

- 每个人均可掌握用乐高积木搭建模型的过程。
- 它使每个人都处于一种公平的竞争环境中，不论是个性内向的人还是个性强势的人，不论是能言善辩者还是拙嘴笨舌者，都有相同的机会表达自己的看法。
- 它使每个人都保持参与状态，让每个人都全身心参与到过程之中，而不至于走神。
- 由于参与者必须在他人发表观点之前自行搭建关于答案的模型，因此，对于工作坊探讨的问题，该方法无疑使人们挖掘出了自身真实的见解，并不受他人的观点和看法的影响。
- 它的重点在于引导自学，而非教学。

在商业领域之外，使用乐高工作法最多的领域是教育和研究领域。因此接下来，我们将深入讨论该方法在这两个领域的应用。

乐高工作法在教育领域的应用

罗伯特的教育背景以及与教育界的联系，使他很想知道该方法是否适用于儿童。本着乐高工作法的精神，他接下来的行动自然也无须多言：直接尝试。一旦尝试了，结论很快就变得清晰起来：如果是为了探索和学习，而非为了教授，那么即便是来自不同文化背景、年龄仅为六七岁的孩子，也能很好地驾驭该方法。在该方法的使用上，儿童与成人并没有太大区别，不过我们必须事先跟孩子们稍微解释一下何谓隐喻，并阐述清楚在该方法中乐高积木并不是用来搭建实物模型，而是用来讲故事的。

一些早就不玩乐高积木的大孩子们同样认为乐高工作法十分有趣。一名 14 岁的青少年说："我以为自己早已过了玩乐高玩具的年纪。但我喜欢用积木来搭建抽象概念，比如'我家美好的早晨时光是什么模样'或者'何谓友谊'等。"一名中学教师曾多次在学习项目中使用乐高工作法，其中涉及的主题非常宽泛，从营养和健康到文学和读书报告等，无所不包。她指出，她使用该方法的灵感源于英国社会学家格雷戈里·贝特森（Gregory Bateson）的一句名言："只有当我将我的想法付诸语言时，我才能真正厘清我的想法。"

科布斯领导力磁石小学是将乐高工作法应用于教育领域的领先者。该校位于美国北卡罗来纳州的罗利市（Raleigh），以下是该校课程中的三个示例：

1. 学生在完成全班朗读环节之后，可以利用该方法搭建模型，以此来展示书本中他们最喜欢的场景、最难忘的事件，故事中的某个问题或解决方案。

2. 当探讨“情感银行账户”时，学生们先搭建一个表示某人往该账户中“存款”的模型，在经过一番讨论之后，学生们又搭建了一个表示从该账户中“取款”的模型。
3. 在教授观点和视角时，学生们搭建了模型，以此来表示两方观点，并进行了比较和对比。

乐高工作法在大学教育中的应用也取得了不错的成果，其中包括本科生和研究生教育，以及高管的商业教育。大学教育领域的此类用户，通常对“行动学习”（action learning）也很感兴趣。行动学习指的是“一种教育过程。学生通过开展行动并研究行动，来改善他们的表现。行动学习通常以小型团队的形式开展，在此类学习环境中，学生通过反复采取行动来获得经验，然后再通过分析行动来获得反馈”。

类似于约翰·杜威“从实践中学习”的理念，行动学习理论同样有着重要意义。尽管这种策略在许多情况下不失为上策，但要弄清楚如何采取这种策略却并非易事。**对于教育领域的人而言，乐高工作法正是采取行动学习的最佳答案。**那些来自商学院、MBA 项目和高管教育项目的用户在使用该方法时，通常带有双重目的：他们既希望学生们能够从该方法的互动中获得裨益，又希望学生们能够掌握该方法，并将它应用到他们所在的或毕业后将进入的公司中去。

此类用户通常将乐高工作法应用于以下主题：

- 反思和探讨教学、学习和课程的各个方面。
- 启动、评估学生项目，并提供反馈。

- 确定教育计划的内容和预期。
- 学生之间的团队建设。
- 了解学生的需求和预期。
- 成立焦点小组，以了解学生的体验。
- 培养学生的学习技巧。
- 创建学习社区。
- 为教育项目提供创意和想法。

乐高工作法在研究领域的应用

乐高工作法在研究领域的应用通常与该方法在大学教育中的应用密切相关。本科生和研究生可以将该方法用于观察性研究和数据收集；教授将该方法用作研究要素，开展替代性教学方法或学习方法的可用性研究。同时，乐高工作法对最终用户所产生的实际影响，也让人们有了越来越浓厚的兴趣，让人们想要对该科学要素有更深入的理解。对乐高工作法的相关研究，或涉及与学习和发展有关的领域，如神经科学；或涉及该方法如何影响商业问题的发展，如组建创新团队或创建新愿景等。相关研究著作包括路易斯 · 穆勒 · 尼尔森（Louise Møller Nielsen）的《个人和共享体验概念》（*Personal and Shared Experiential Concepts*）一书，以及由沃尔克 · 格里尼茨（Volker Grienitz）、安德烈 · 马塞尔 · 施密特（André-Marcel Schmidt）、佩尔 · 克里斯蒂安森和赫尔穆特 · 舒尔特（Helmut Schulte）合写的“利用乐高认真玩开发愿景陈述”（“Vision Statement Development With LEGO SERIOUS PLAY”[1]）一文。

以下是一小部分使用过乐高工作法的高等教育机构：

- 特文特大学（荷兰）。
- 锡根大学（德国）。
- 开姆尼茨工业大学（德国）。
- 洛桑国际管理学院（瑞士）。
- 提契诺大学（瑞士）。
- 格洛比斯经营大学院（日本）。
- 纽约大学斯特恩商学院（美国）。
- 哈佛商学院高层管理教育（美国）。
- 西蒙斯学院（美国）。
- 沃顿商学院（美国）。
- 伦敦帝国学院（英国）。
- 伦敦商学院（英国）。
- 伦敦时装学院（英国）。
- 奥尔堡大学（丹麦）。
- 哥本哈根商学院（丹麦）。
- 马德里欧洲大学皇家马德里学院（西班牙）。
- 蒙特雷理工学院（墨西哥）。
- 波尼恩特理工大学（墨西哥）。
- 怀卡托大学管理学院（新西兰）。
- 昆士兰大学（澳大利亚）。

举个例子，马德里欧洲大学皇家马德里学院设有体育管理方面的 MBA 项目，该项目在第二阶段中用乐高工作法来达到两方面的目的。首先，学生利用该方法来为项目中的团队合作做好准备。在整个工作坊中，他们学会了如何从彼此的长处中受益，以及如何提高团队的群体智慧。其次，学生使用该方法来确定他们对“学习之旅”的预期。学习之旅指的是学生们前往纽约与美国主要专业体育联盟会面，其中包括职业橄榄球大联盟、国家冰球联盟、美国职业棒球大联盟和 NBA。在计划学习之旅时，教授们会将 NBA“乐高认真玩”工作坊的结果纳入考虑。

还有另外两本十分有趣的出版物从完全不同的角度进一步探讨了在教育和研究领域应用乐高工作法或类似方法的话题：一本是戴维·冈特利特（David Gauntlett）的著作《创造性探索》（*Creative Explorations*）；另一本是劳伦·莉·赫因索恩（Lauren Leigh Hinthorne）的著作《通过搭建 3D 模型实现参与式发展传播》（*Achieving Participatory Development Communication through 3D Model Building*）。

冈特利特的研究旨在探索研究人员能够以哪些方式，去通过人们的日常创造力来理解他们的社交体验。他没有采用传统的采访和焦点小组等方式，而是选择了另一种方式——要求人们制作视频、拼贴画以及绘画等可视物，然后再对其进行解释。这项研究催生了一个创新项目，即冈特利特要求人们利用乐高工作法来构建关于自己身份的隐喻模型。这种方式既富有创造力又极具反思性，揭示了个体如何展示自己、如何理解生活中的事件，以及自己与社会之间有何种联系。冈特利特在研究结论中写道：“令我惊讶的是，当我们要求人们以自己的方式描绘自己的身份，并与他人分享此中含义时，人们能够阐述得极为清晰。在社会理论家出现之前，人们就已经成为自己生活状态的哲学家，这一点让我们觉得非常振奋。”

赫因索恩将乐高工作法带入了一个全新的领域，即将该方法用作参与式发展传播的工具。澳大利亚国际农业研究中心出资开展了一项旨在帮助小牛饲养主增产的计划，赫因索恩对该计划的主要利益相关方进行了临时情况分析。简而言之，她将乐高工作法带到了此前从未有过乐高积木的地区和人群之中，通过这一方式征求小牛饲养主的反馈和意见，从而为他们提供合适的发展援助。赫因索恩举办的这场工作坊的参与者包括村领导和饲养小牛的农户或饲养主。工作坊要求参与者以搭建模型的方式，表达他们对当前牲畜管理措施的看法。随后，工作坊要求他们再次搭建模型，来展示在他们看来何谓优秀的牲畜管理措施，以及他们需要获得哪些资源和帮助才能实现这种理想状态。

赫因索恩观察发现，参与者在整个工作坊中的参与度非常高，同时，该方法也给予了参与者解决问题的空间。她还强调说，该方法十分有效地帮助参与者解构了本来非常复杂的情况，使之变得清晰明朗。

在本章，我们探讨了乐高工作法的应用范围已从最开始所设计的领域逐渐成功拓展到其他领域。在第 14 章，我们将探讨使用该方法时应注意哪些问题。

第 14 章

乐高工作法的反思

我们在从事与乐高工作法相关的工作 20 多年后，非常清楚地认识到以下三点：

1. 乐高工作法适用的行业和领域非常广阔。
2. 乐高工作法适用于来自任何文化背景的任何人。
3. 所有工作坊都必须是定制的。

下面让我们来分别解释一下。

乐高工作法适用的行业和领域非常广阔

我们希望本书中分享的案例足以表明，乐高工作法能够适用于诸多领域。虽然该方法的创建初衷，是使一家生产玩具的家族企业取得更优异的战略发展，但如今它已经逐渐发展成为一种用于思考和交流的方法，其适用性仅受两点限制：一是问题的性质；二是试图解决问题的组织是否对乐高工作法拥有坚定的信念。正如我们在本书中所展示的那样，不论是在大型组织还是中小型组织，私人组织还是公共组织，营利性组织还是非营利性组织中，抑或是在教育和研究领域应用该方法，都能取得很好的效果。

通常来说，该方法受限于组织想要解决的问题的性质，以及组织的运作方式。**当组织面对的是一个复杂且尚未找到明显解决方案的问题时，应用乐高工作法最为有效**。

引进乐高工作法，需要勇气十足的管理者。因为他不仅要引入乐高积木，还需要能够接受开诚布公的对话，让在场的每个人都能表达自己的想法。这意味着，他必须在一段时间内放弃控制权。他需要有足够的勇气，才能进入一个让自己的权威和信念受到他人挑战的过程之中。然而，仅依靠管理者的勇气还远远不够。管理者还需要处于一种特定的组织文化之中，即该组织能够充分相信员工的潜力，并能鼓励员工以战略性方式去思考和行动。现状正如乐高集团的所有者克伊尔德在 2002 年的一次采访中所说:“遗憾的是，并非所有组织都为开展‘乐高认真玩’做好了准备。”

乐高工作法适用于来自任何文化背景的任何人

乐高工作法适用于任何人。它不存在对某些特定群体的限制，并且工作坊的参与者既不需要拥有玩乐高积木的经验，也不必认为自己非拥有创造力不可。他们更不需要拥有特定的民族文化或宗教信仰背景，甚至身体残疾与否也并没有太大影响。虽然这么说听起来有点令人惊讶，但事实就是如此。我们曾与四肢瘫痪的患者、有视力障碍的患者以及患有肌营养不良症的患者开展过工作坊。如前文所述，该方法只受其使用情境，即问题性质和组织文化的限制。

所有工作坊都必须是定制的

乐高工作法是一套能够用于解决多种问题的方法和语言，在该方法最初几年的应用中，这一事实就已经很明显了。刚开始，我们将它视为一个以开发动态战略为目标的通用型工作坊，为期两天，参与者使用的乐高积木套件上还印着工作坊的名称:“乐高认真玩”企业实时战略应用。我们甚至还编写了一本精美的小册子，名叫《企业实时战略想象力百科》，以此来支持这种通用型工作坊。虽然这种形式的工作坊一直以来都取得了不错的效果，但很显然，它实际上很难满足所有组织的需求，因为很少有组织想要的结果恰好与此种工作坊能带来的结果相吻合。因此，我们需要打造多样化的工作坊。

Executive Discovery 团队的最初设想是分别为团队发展和个人发展再设计两种工作坊。于是，乐高工作法成为包含三种形式的工作坊集合，并带有相关支持性材料。然而，每当我们设计一个新的工作坊流程时，总是需要做出新的改动。这无疑让我们认识到，无论是一种还是两三种标准型工作坊，都无法满足客户的需求。它是一种必须量身定制的方法。

在培训引导师时，我们依然会教授标准型工作坊的引导方式，但此举的目的在于为他们提供相应的工具和技术，使他们能够在开展此类特殊形式的工作坊时取得最佳效果。如今，我们培训的重点，在于使引导师掌握如何使用 4 步核心流程和 7 项应用技术来设计独特的工作坊。

组织和引导师都需要注意的 5 个误区

那么，是否能够得出这样的结论：乐高工作法是对所有人、所有情境都一直适用的“万能妙方”？我们当然很想回答“是的”，但正确的答案其实是“不是的”。我们已经在前文中讲述过该方法的限制，第 4 章也详细讨论了“引导师误区”。除了这些，我们还认识到组织和引导师都需要注意的 5 个误区。陷入其中任何一种误区都可能会导致有人无法全身心参与进来、无法破除惯性思维，以及无法产生新的见解。

1. 参与者试图钻空子。就像孩子们玩耍时一样，如果有人尝试钻游戏的空子，必定会破坏整个游戏。这种情况在乐高工作法中很容易识别，如果一名参与者明显没有遵守该方法的规则，从而阻碍了工作坊的进程，或者他没有“玩明牌”，其他参与者或引导师很容易就能识别出来。所谓“没有玩明牌”，指的是没有以完全真诚的态度去参与工作坊，甚至态度完全不真诚。这时，引导师需要出面处理这种状况。识别此类参与者的方法非常简单，常见迹象包括：身体稍微后倾、私下与另一名参与者交谈、发表见解时偏离所建模型等。如果引导师不及时制止这种情况，乐高工作法的效果将会大打折扣，甚至完全无效。

2.“我有答案。”在这种情况中，某人（通常是经理或赞助商）确信自己已经拥有答案，并希望通过这种有趣且富有创造力的方式来传达其观点，而非寻求他人的意见。如果组织的关键人物将这种态度带入工作坊，那么工作坊取得成果的机会就十分渺茫。一方面，这位关键人物可能会觉得其他参与者正在挑战他的立场或观点；另一方面，其他参与者也会感到受到了操纵，并觉得很不解：既然领导不想听，为什么还要征求我们的意见？简而言之，我们通常会告诉人们，如果你已经有了答案，就不要浪费时间去搭建模型。乐高工作法与你已经掌握的知识无关，它是为了解锁新知识。

3.“我们想要开诚布公吗?”如果高管不想开诚布公地讨论、寻找解决方案，那么乐高工作法永远也无法奏效。因为它正是以开诚布公的对话为基础的。不论是讨论还是构建模型，都不存在“神圣不可侵犯的事物”。

4.“我们是想自己寻找答案，还是想让别人为我们提供答案?”乐高工作法以问题为基础，旨在使答案浮现出来。问题来自局外人（引导师），而答案来自局内人（参与者）。如果组织的明确目的是寻求专家意见、获得来自外界的启发、接受指导等，那么该方法将无法适用，因为它无法满足组织的此类需求。

5.聘请观察者。出于多种原因，组织可能会考虑聘请观察者，观察者也的确适合采取多种干预行为。然而，乐高工作法并不适合聘请观察员。当有观察者在场时，参与者通常会有意识或无意识地改变他们的行为，或者不愿开诚布公地分享一切。与上文中误区 1 类似，观察儿童玩耍也很容易出现这种现象。当孩子意识到有人在观察他们时，要不了多久就会改变行为模式。他们可能会停止游戏、变得更加犹豫，甚至会寻求帮助。如果没有观察者在场，他们很可能就不会寻求帮助。该误区也很容易让人联想到德国物理学家海森堡的“不确定性原理”：你无法在不改变系统行为的情况下去观察一个系统。

到目前为止，我们已经讲述了乐高工作法的应用领域，探讨了其背后的科学理论，并认识了其适用情境和具体应用方式。在接下来的最后一章中，我们将探讨利用乐高工作法能够突破哪些界限，以及如何突破这些界限。

第 15 章

乐高工作法新天地

在前面的 14 章中，我们讲述了乐高工作法的应用领域、背后的科学理论，以及适用情境和具体应用方式。在本章中，我们将探讨如何利用该方法来突破界限，以及具体能突破哪些界限。

首先，我们来看一下背景。自乐高工作法诞生的 20 世纪末以来，整个世界发生了翻天覆地的变化。如今，世界面临诸多挑战，经济历经了从高峰到低谷，再到现在的谨慎乐观状态。乐高工作法在 20 多年的发展历程中，自 2008 年世界经济触底之后才被广泛应用于各种组织中，而此前当经济处于不断增长的态势时，该方法的应用则极为有限。之所以出现这种差异，只有很小一部分原因是新的社区分销模型。我们认为新的业务模型并非该方法得到广泛应用的主要原因，因此，在接下来的内容中，我们并未探讨如何突破乐高工作法自身的界限，而是将探讨我们能够利用它在企业发展和整个社会的未来发展中突破哪些界限。

这么说可能会令人感到惊讶，毕竟我们生活在一个喜新厌旧的时代，甚至有人会认为我们的整个社会都患了“嗜新病”。因此，人们可能会认为，我们将会提出关于引入新技术来改变乐高工作法的假设。

然而，乐高工作法在基本没有太大变化的情况下，已经存在了 20 多年。按照“对于一些不会自然消亡的事物，其预期寿命和它们目前已经存在的时间成正比”这一说法，该方法至少还有 20 年的剩余寿命。纳西姆·尼古拉斯·塔勒布是一位观点犀利独到的学者，他曾指出：“对于会自然消亡的事物，其生命每增加一天，其预期寿命就会缩短一些。对于不会自然消亡的事物，其生命每增加一天，则可能意味着更长的预期剩余寿命。”[1]

我们之所以认为乐高工作法会拥有十分可观的前景，主要有三方面的原因：①创造投入性、解锁新知识和破除惯性思维的需求一直在增多；②由于“乐高认真玩”流程中包含动手搭建，因此它能够让我们用一种与生俱来的方式去思考、交流、解决问题、表达想法和观点；③在未来 10 年内，各种企业和整个社会需要突破一些重要的界限才能获得生存和发展，而乐高工作法能够帮助它们：

- 突破动态复杂性带来的挑战。
- 突破由数据导致的“死亡”。
- 突破“曾适合你的方法未必现在适合我”偏见。
- 突破高科技式短视。
- 突破英雄式领导力。
- 突破对个别天才的依赖。
- 突破“胡萝卜加大棒”的方法。

接下来，我们将深入探讨上述界限。

突破动态复杂性带来的挑战

奥托·夏莫（C. Otto Scharmer）① 等学者认为，我们正在进入一个极具动态复杂性的时代。夏莫指出，动态复杂性体现在事物的远距离因果关系上，这意味着仅从过去的经验中学习已经远远不够，我们还需要从未来的发展趋势中学习。[2] 我们在第 1 章谈到复杂自适应系统思维时，所提出的观点和这种观点是一致的。夏莫等学者普遍认为，为了掌握主动权，我们需要探究系统、观察、学习，然后采取行动。

夏莫认为，如果我们想从未来的新兴趋势中学习，就需要使我们的沟通和意识从第一层“下载——发表附和式意见”和第二层“争论——发表反对性意见”，不断升级到第三层“深度对话——进行反思式探询”，直至达到第四层“集体呈现——团队共同创造新的事物”。[3]

根据我们的经验，如果“乐高认真玩”工作坊举办得当，便能够做到这一点。在工作坊一开始的技能建立挑战中，参与者就已经度过了“发表空泛而礼貌的附和式意见”阶段；随后，在第一轮的模型搭建中（技术 1），他们从相互交换意见并捍卫自己的观点，不断升级到将自己视为自适应系统的一部分；最后，在工作坊的后期阶段，他们开始共同创建一个整体性的新模型。

---

① 奥托·夏莫是探索变革深层动力的组织学习大师，其代表作《U 型理论》和《U 型变革》中文简体字版已由湛庐策划，浙江人民出版社 2013 年、2014 年出版。——编者注

突破由数据导致的“死亡”

众所周知，如今人们能够访问的数据量之大前所未有。人们能够随时随地通过网络和智能手机来收集、处理数据，这似乎给企业带来了无穷无尽的机会，只不过随着科技日新月异的发展，这些机会很可能几年之后就不足为道了。尽管如此，市面上依然跟风似地出现了大量与分析数据相关的方法。但是，对于企业而言，大数据真的是“贤者之石”吗？我们无法确定。我们在第 1 章提到过，查布里斯和西蒙斯通过“看不见的大猩猩”实验表明：作为观察者，如果太专注于收集某一种特定类型的数据，那么将会错过一些显而易见的现象。[4] 塔勒布在《反脆弱》(*Antifragile*) 一书中也提出了类似的观点：

> 我们从未有过比现在更多的数据，但我们的预测能力却比以往任何时候都弱。更多的数据（如过马路时注意周围人眼睛的颜色），可能会让你无视路上的大货车。

我们坚信，诸如乐高工作法之类的方法能够帮助每个人突破由数据导致的“死亡”，构建新知识，并带来令人惊讶的新见解。以有形的模型构建无形的概念，并对数据进行清晰、可视化的表达，将能使人们看清原本可能会被忽视的事物，使他们发现令人惊讶的模式。

突破“曾适合你的方法未必现在适合我”偏见

世界上有许多地方的经济正处于停滞状态。正如一句丹麦谚语所说，“一切皆有上限”。美国也有一句类似的谚语，“树没法长到天上去”。如今，世界上许多地方的经济似乎都已经达到了极限，同时也还有许多国家正在寻求经济增长——这些国家通常都在寻求适合本国的增长道路。人们普遍认识到，历史上曾推动欧洲和北美洲经济增长的资本主义的经营方式和管理方法，可能并不适合当今发展中国家的企业。即便是发达国家（我们不妨称之为“旧世界经济体”），也对探索新的管理方法产生了日益浓厚的兴趣。乐高工作法能够通过打造全员高度参与的会议来解锁新知识、破除惯性思维，因此，它或许正是人们所寻求的新的管理方法。如今，经济增长不再是必然，正如爱因斯坦所说：

> 精神错乱，一遍又一遍地做同样的事情，却期望得到不同的结果。
>
> 我们无法以旧的思维方式来解决新的问题。

突破高科技式短视

毫无疑问，新的技术能够为人类带来非常光明的前景。但是，就像收集和处理海量数据有可能导致负面影响一样，高科技未必能为人们带来更优质、更有意义的生活，也未必能帮助人们打造更优质的企业。的确，新技术使生活中的许多方面变得更加便利，也使许多活动不再受时间和空间的约束，因此对于许多人而言，新技术带来了诸多好处。纵然技术使很多资源变得更加均衡，但它同样带来了两方面的负面影响：①取得差异化难，避免商品化更难；②如果人们不经常面对面交流，那么在实际面对面交流时，他们往往会期待能有更多收获。

我们认为，乐高工作法能够帮助人们扭转这两方面的负面影响。解锁新知识并破除惯性思维，能够使团队释放他们的想象力、发现自己的独特性。团队同样可以以此来突破由数据带来的困境，这也是团队超越数据的地方。通过真正打破 20/80 会议模式、创建全员高度参与的会议，能够使团队成员之间开展真实的对话，并实现真正的共同创造。前文还曾提到过，我们观察到如今有两种趋势正在同时发挥作用，即“高科技”和“高接触”。我们相信，“高接触”将能为开展乐高工作法打造最佳体验。

突破英雄式领导力

本书中反复提及乐高工作法的主要优势之一，是它能打破 20/80 会议模式，创建一个人人平等的会议流程。那么，为什么它能够通过在会议室中为每个人提供平等机会来打破这种模式呢？荷兰进化生物学家马克·范福特（Mark van Vugt）在领导力进化科学领域中的研究，或许能为我们提供一些见解。

范福特在其著作《自然选择：领导力的进化科学》（*Evolutionary Science of Leadership*）一书中，给出了令人信服的证据，证明了当前管理理论和实践的进化速度比人类大脑的进化速度更快。[5] 书中指出，人类的大脑深处存在一种原始的自然感知力，人们用这种力量来感知什么是对的、什么是错的、什么是有道理的、什么是没道理的。石器时代的男女以部落的形式生活在一起，关于部落成员为何以及如何通过合作取得蓬勃发展这两个问题的答案，对于如今这个飞速发展、复杂多变的世界而言，依然有着重要的借鉴意义。在石器时代，领导力是以人们之间的相互信任为基础的。部落人数很少超过 150～200 这个范围，因此人们不仅非常了解彼此，而且维持着亲密友好的关系。由于在原始社会中，个人很难积累大量资源和很大的权力，因此早期人类之间的关系也更加平等。

范福特认为，追求平等依然是人类重要的本能之一。大型组织会破坏人们的驱动力，因为在某些等级分明的大型组织中，最高领导者的收入可高达普通员工收入的 380 倍。如此巨大的薪酬差异，不仅让人感到很不自然，也不利于组织成员之间的团结，同时还会给普通员工带来深深的挫败感。在我们祖先所生活的时代，领导者通常是由民众选举出来的。如今，普通员工对领导者的选拔几乎没有任何发言权，并且许多领导者拥有的权力涉及面很广，而没有根据情况或项目而定。

在一种更自然的领导力模型中，人们彼此了解、相互信任，并会根据手头上具体的任务来分配领导责任。习惯于在等级分明的系统中工作的员工，往往会觉得以这种模式开展工作是一种挑战。我们在与许多大型组织合作之后，获得了一个重要的发现，即“乐高认真玩”流程本身所具有的平等和民主性质，能够使所有员工重拾自己所拥有的深厚知识，并为打造自然的领导力模型奠定更坚实的基础。

突破对个别天才的依赖

如今，随着知识的专业化不断加深，几乎所有问题和项目都至少需要来自几个人的见解。通常，共同解决问题或参与项目的人不仅来自不同的专业领域、不同的年龄段，甚至是不同的国家。因此，与他人开展有效合作的能力，将成为全球各领域中项目、计划和企业获得成功的基础。

凯斯 · 索耶（Keith Sawyer）在其著作《如何成为创意组织》[①] 一书中，提供了许

①《如何成为创意组织》是全球创造力研究专家凯斯 · 索耶的重要作品，揭开了从天才团队升级为创意组织的秘密。其中文简体字版已由湛庐策划，四川人民出版社 2019 年出版。——编者注

多有说服力的研究实例,[6] 阐明了群体智慧能够为人们带来诸多益处。其实，许多人都曾体验过群体智慧所带来的益处。由麻省理工学院、美国联合学院和卡内基梅隆大学的研究人员所组成的团队，曾利用一种类似于智商检测的统计分析系统证明了群体智慧是真实存在并可以测量的。在两项研究中，研究人员首先对 699 名被试进行了分组，2～5 人为一组；随后，研究人员要求各组分别开展各种类型的任务，并对此过程进行了观察和研究，此类任务包括建筑设计、头脑风暴、团队矩阵推理、团队道德推理、计划短期旅行和团队分型等。令人惊讶的是，不论是团队成员的平均智商，还是成员的最高智商，都不是团队能否成功完成任务的重要指标。然而，群体智慧与团体的社会敏感度以及成员轮流发言的能力之间存在明显的相关性。

这些同样是“乐高认真玩”核心流程的关键特征。我们认为，由于专业知识容易过时，因此，那些了解如何利用群体智慧而非仅依靠专家的组织，将会拥有更加光明的前景。

突破“胡萝卜加大棒”的方法

大多数人都认为，金钱之类的奖励是激励人们的最佳方式，这种方式叫作“胡萝卜加大棒”。丹尼尔 · 平克（Daniel H. Pink）在他的著作《驱动力》① 一书中指出，这种观念是错误的。[7] 他认为，不论是在工作、学校还是家庭中，人们之所以会努力获得最佳表现、创造最高满意度，源于人类对掌控自己的生活，学习和创造新事物，通过自身努力使世界变得更好的深切需求。

---

①《驱动力》是趋势专家、畅销书作者丹尼尔 · 平克集 40 年研究成果的经典著作，其中文简体字版已由湛庐策划，浙江人民出版社 2018 年出版。——编者注

行为经济学家丹·艾瑞里（Dan Ariely）也谈到过工作中能让人们感觉良好的因素。简而言之就是，做有意义的工作能够使人们感觉良好。但是，究竟何谓有意义的工作？我们又为何会在乎工作是否有意义呢？艾瑞里通过研究证明，人们并非仅仅为了钱而工作。金钱只是一部分动机，在其他条件都相同的情况下，人们宁愿做有意义的工作。

还有大量其他研究同样支持平克和艾瑞里的观点。至于人们为何会在乎工作是否有意义，一个关键原因是，人类对于制作和创造事物有着强烈的渴望。如今网络上的内容之所以越来越多，也正是源于这种渴望。我们比以往任何时候都拥有更多的工具、时间和更强烈的意愿去创造事物。

相比于许多其他用于思考、沟通和解决问题的方法，乐高工作法能够为人们带来更多意义。因为它始终以“个人”和“搭建对个人有意义的事物”为出发点。模型的意义和故事的意义均属于搭建者。在应用该方法的过程中，搭建者能够在工作坊中实现自我掌控，创造属于自己的新知识，并最终看到属于自己的劳动成果。

随着乐高工作法的不断发展，我们深信它将能突破更多界限，推动更多变革。在本书即将完结之时，我们希望你能重新回想一下一架在跑道上滑行、即将起飞的波音747，同时再想一想如此庞然大物居然能够腾空而起，这是多么不可思议！然而，你知道，它能够做到，并能做得十分优雅。当我们开启乐高工作法的旅程时，我们也抱有同样的想法。

以前，我们并不知道乐高工作法的“飞行原理”。如今，我们得知了其中的奥秘，在此希望能将这个魔法分享给你。

未来，属于终身学习者

我这辈子遇到的聪明人（来自各行各业的聪明人）没有不每天阅读的——没有，一个都没有。巴菲特读书之多，我读书之多，可能会让你感到吃惊。孩子们都笑话我。他们觉得我是一本长了两条腿的书。

———查理·芒格

互联网改变了信息连接的方式；指数型技术在迅速颠覆着现有的商业世界；人工智能已经开始抢占人类的工作岗位……

未来，到底需要什么样的人才？

改变命运唯一的策略是你要变成终身学习者。未来世界将不再需要单一的技能型人才，而是需要具备完善的知识结构、极强逻辑思考力和高感知力的复合型人才。优秀的人往往通过阅读建立足够强大的抽象思维能力，获得异于众人的思考和整合能力。未来，将属于终身学习者！而阅读必定和终身学习形影不离。

很多人读书，追求的是干货，寻求的是立刻行之有效的解决方案。其实这是一种留在舒适区的阅读方法。在这个充满不确定性的年代，答案不会简单地出现在书里，因为生活根本就没有标准确切的答案，你也不能期望过去的经验能解决未来的问题。

而真正的阅读，应该在书中与智者同行思考，借他们的视角看到世界的多元性，提出比答案更重要的好问题，在不确定的时代中领先起跑。

湛庐阅读 App：与最聪明的人共同进化

有人常常把成本支出的焦点放在书价上，把读完一本书当作阅读的终结。其实不然。

时间是读者付出的最大阅读成本

怎么读是读者面临的最大阅读障碍

“读书破万卷”不仅仅在“万”，更重要的是在“破”！

现在，我们构建了全新的“湛庐阅读”App。它将成为你“破万卷”的新居所。在这里：

- 不用考虑读什么，你可以便捷找到纸书、电子书、有声书和各种声音产品；
- 你可以学会怎么读，你将发现集泛读、通读、精读于一体的阅读解决方案；
- 你会与作者、译者、专家、推荐人和阅读教练相遇，他们是优质思想的发源地；
- 你会与优秀的读者和终身学习者为伍，他们对阅读和学习有着持久的热情和源源不绝的内驱力。

下载湛庐阅读 App，
坚持亲自阅读，
有声书、电子书、阅读服务，
一站获得。

CHEERS

本书阅读资料包

给你便捷、高效、全面的阅读体验

本书参考资料

湛庐独家策划

- 参考文献
  为了环保、节约纸张，部分图书的参考文献以电子版方式提供
- 主题书单
  编辑精心推荐的延伸阅读书单，助你开启主题式阅读
- 图片资料
  提供部分图片的高清彩色原版大图，方便保存和分享

相关阅读服务

终身学习者必备

- 电子书
  便捷、高效，方便检索，易于携带，随时更新
- 有声书
  保护视力，随时随地，有温度、有情感地听本书
- 精读班
  2~4周，最懂这本书的人带你读完、读懂、读透这本好书
- 课　程
  课程权威专家给你开书单，带你快速浏览一个领域的知识概貌
- 讲　书
  30分钟，大咖给你讲本书，让你挑书不费劲

湛庐编辑为你独家呈现
助你更好获得书里和书外的思想和智慧，请扫码查收！

（阅读资料包的内容因书而异，最终以湛庐阅读App页面为准）

图书在版编目（CIP）数据

乐高工作法 /（丹）佩尔·克里斯蒂安森，（丹）罗伯特·拉斯穆森著；徐烨华译. -- 北京：中国财政经济出版社，2022.3

书名原文：Building a Better Business Using the Lego® Serious Play® Method

ISBN 978-7-5223-1219-4

Ⅰ. ①乐…　Ⅱ. ①佩…　②罗…　③徐…　Ⅲ. ①企业管理　Ⅳ. ①F272

中国版本图书馆 CIP 数据核字（2022）第 037721 号

责任编辑：李昊民　　责任校对：胡永立
封面设计：ablackcover.com　　责任印制：张　健

乐高工作法
LEGAO GONGZUOFA

中国财政经济出版社 出版

URL：http://www.cfeph.cn
E-mail:cfeph@cfemg.cn
（版权所有　翻印必究）
社址：北京市海淀区阜成路甲 28 号　邮政编码：100142
营销中心电话：010-88191522
天猫网店：中国财政经济出版社旗舰店
网址：https://zgczjjcbs.tmall.com
天津中印联印务有限公司印装　各地新华书店经销
成品尺寸：215mm×215mm　12 开　23 印张　235 000 字
2022 年 3 月第 1 版　2022 年 3 月天津第 1 次印刷
定价：109.90 元
ISBN　978-7-5223-1219-4
（图书出现印装问题，本社负责调换，电话：010-88190548）
本社图书质量投诉电话：010-88190744
打击盗版举报热线：010-88191661　QQ：2242791300